완자 공부력

Q 왜 공부력을 키워야 할까요?

쓰기력

정확한 의사소통의 기본기이며 논리의 바탕

연필을 잡고 종이에 쓰는 것을 괴로워한다!
맞춤법을 몰라 정확한 쓰기를 못한다!
말은 잘하지만 조리 있게 쓰는 것이 어렵다!
그래서 글쓰기의 기본 규칙을 정확히 알고
써야 공부 능력이 향상됩니다.

어휘력

교과 내용 이해와 독해력의 기본 바탕

어휘를 몰라서 수학 문제를 못 푼다!
어휘를 몰라서 사회, 과학 내용 이해가 안 된다!
어휘를 몰라서 수업 내용을 따라가기 어렵다!
그래서 교과 내용 이해의 기본 바탕을
다지기 위해 어휘 학습을 해야 합니다.

독해력

모든 교과 실력 향상의 기본 바탕

글을 읽었지만 무슨 내용인지 모른다!
글을 읽고 이해하는 데 시간이 오래 걸린다!
읽어서 이해하는 공부 방식을 거부하려고 한다!
그래서 통합적 사고력의 바탕인 독해 공부로
교과 실력 향상의 기본기를 닦아야 합니다.

계산력

초등 수학의 핵심이자 기본 바탕

계산 과정의 실수가 잦다!
계산을 하긴 하는데 시간이 오래 걸린다!
계산은 하는데 계산 개념을 정확히 모른다!
그래서 계산 개념을 익히고 속도와 정확성을
높이기 위한 훈련을 통해 계산력을 키워야 합니다.

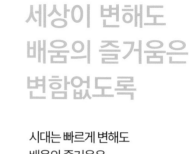

세상이 변해도
배움의 즐거움은
변함없도록

시대는 빠르게 변해도
배움의 즐거움은
변함없어야 하기에

어제의 비상은
남다른 교재부터
결이 다른 콘텐츠
전에 없던 교육 플랫폼까지

변함없는 혁신으로
교육 문화 환경의 새로운 전형을
실현해왔습니다.

비상은 오늘, 다시 한번
새로운 교육 문화 환경을 실현하기 위한
또 하나의 혁신을 시작합니다.

오늘의 내가 어제의 나를 초월하고
오늘의 교육이 어제의 교육을 초월하여
배움의 즐거움을 지속하는 혁신,

바로, 메타인지 기반 완전 학습을.

상상을 실현하는 교육 문화 기업 비상

메타인지 기반 완전 학습

초월을 뜻하는 meta와 생각을 뜻하는 인지가 결합한 메타인지는
자신이 알고 모르는 것을 스스로 구분하고 학습계획을 세우도록 하는
궁극의 학습 능력입니다. 비상의 메타인지 기반 완전 학습 시스템은
잠들어 있는 메타인지를 깨워 공부를 100% 내 것으로 만들도록 합니다.

완자

공부력

초등 국어
독해 2B

초등 국어 독해
1A, 1B, 2A, 2B 글감 구성

과목별 공부 영역을 반영한 글감을 통해
풍부한 배경지식과 독해 실력을 키워요!

특징과 활용법

✳ 글을 읽고 문제를
   풀면서 독해 능력을
   키워요.

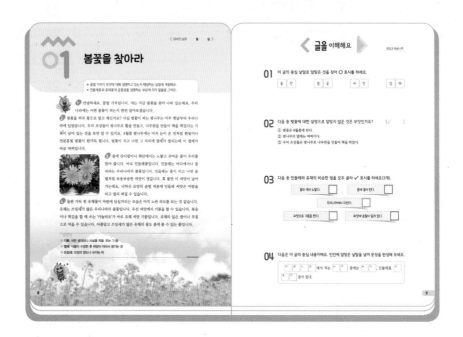

✳ 글에 나온 어휘를
   다양한 문제를 통해
   재미있게 익혀요.

- ✔ 책으로 하루 4쪽 공부하며, 초등 독해력을 키워요!
- ✔ 모바일앱으로 공부한 내용을 복습하고 몬스터를 잡아요!

공부한 내용 확인하기

모바일앱으로 복습하기

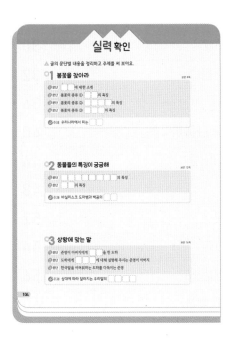

앱 다운받기

책 인증하기

✳ 20일 동안 공부한 내용을 정리 💡
해 보며 자기의 실력을 확인해요.

✳ 그날 배운 내용을 바로바로,
또는 주말에 모아서 복습하고,
다이아몬드 획득까지! 💎
공부가 저절로 즐거워져요!

차례

우리도 하루 4쪽 공부 습관!
스스로 공부하는 힘을
키워 볼까요?

큰 습관이
지금은 그 친구를 이끌고 있어요.
매일매일의 좋은 습관은 우리를 좋은
곳으로 이끌어 줄 거예요.

한 친구가
작은 습관을 만들었어요.

매일매일의 시간이 흘러
작은 습관은 큰 습관이 되었어요.

봄꽃을 찾아라

◆ 꿀벌 기자가 무엇에 대해 설명하고 있는지 해당하는 낱말에 색칠해요.
◆ 민들레꽃과 유채꽃의 공통점을 설명하는 부분에 각각 밑줄을 그어요.

❶ 안녕하세요. 꿀벌 기자입니다. 저는 지금 봄꽃을 찾아 나와 있는데요, 우리나라에는 어떤 봄꽃이 피는지 한번 알아보겠습니다.

❷ 벚꽃을 외국 꽃으로 알고 계신가요? 사실 벚꽃이 피는 벚나무는 아주 옛날부터 우리나라에 있었답니다. 우리 조상들이 벚나무로 활을 만들고, 나무판을 만들어 책을 찍었다는 기록이 남아 있는 것을 보면 알 수 있지요. 4월쯤 벚나무에는 마치 눈이 온 것처럼 흰빛이나 연분홍빛 벚꽃이 한가득 핍니다. 벚꽃이 지고 나면 그 자리에 열매가 열리는데 이 열매가 바로 버찌입니다.

❸ 봄에 잔디밭이나 화단에서는 노랗고 귀여운 꽃이 우리를 맞아 줍니다. 바로 민들레꽃입니다. 민들레는 어디에서나 잘 자라는 우리나라의 봄꽃입니다. 민들레는 꽃이 지고 나면 솜털처럼 보송보송한 씨앗이 생깁니다. 훅 불면 이 씨앗이 날아가는데요, 낙하산 모양의 솜털 덕분에 민들레 씨앗은 바람을 타고 멀리 퍼질 수 있습니다.

❹ 들판 가득 핀 유채꽃이 바람에 넘실거리는 모습은 마치 노란 파도를 보는 것 같습니다. 유채는 쓰임새가 많은 우리나라의 봄꽃입니다. 우선 씨앗에서 기름을 짤 수 있습니다. 볶음이나 튀김을 할 때 쓰는 '카놀라유'가 바로 유채 씨앗 기름입니다. 유채의 잎은 쌈이나 무침으로 먹을 수 있습니다. 아름답고 쓰임새가 많은 유채의 꽃도 봄에 볼 수 있는 꽃입니다.

◆ **기록**: 어떤 생각이나 사실을 적음. 또는 그 글
◆ **열매**: 식물이 수정한 후 씨방이 자라서 생기는 것
◆ **쓰임새**: 쓰임의 정도나 쓰이는 바

01 이 글의 중심 낱말로 알맞은 것을 찾아 ○ 표시를 하세요.

들 판 　　　 봄 꽃 　　　 씨 앗 　　　 열 매

02 다음 중 벚꽃에 대한 설명으로 알맞지 <u>않은</u> 것은 무엇인가요? [✎　　　]

① 벚꽃은 8월쯤에 핀다.
② 벚나무의 열매는 버찌이다.
③ 우리 조상들은 벚나무로 나무판을 만들어 책을 찍었다.

03 다음 중 민들레와 유채의 비슷한 점을 모두 골라 ✓ 표시를 하세요(3개).

| 꽃의 색이 노랗다. | ☐ | 　 | 봄에 꽃이 핀다. | ☐ |

우리나라에서 자란다. ☐

| 씨앗으로 기름을 짠다. | ☐ | 　 | 씨앗에 솜털이 달려 있다. | ☐ |

04 다음은 이 글의 중심 내용이에요. 빈칸에 알맞은 낱말을 넣어 문장을 완성해 보세요.

ㅇㄹㄴㄹ 에서 피는 ㅂㄲ 중에는 ㅂㄲ, 민들레꽃, ㅇ
ㅊㄲ 등이 있다.

01 따라 쓰며 낱말의 뜻을 찾아 바르게 연결해 보세요.

1 기 록 •

2 기 자 •

3 열 매 •

4 조 상 •

5 쓰 임 새 •

• ㄱ 쓰임의 정도나 쓰이는 바

• ㄴ 돌아간 어버이 위로 대대의 어른

• ㄷ 어떤 생각이나 사실을 적음. 또는 그 글

• ㄹ 식물이 수정한 후 씨방이 자라서 생기는 것

• ㅁ 신문, 잡지, 방송 따위에 실을 기사를 취재하여 쓰거나 편집하는 사람

02 빈칸에 들어갈 알맞은 낱말을 (보기)에서 찾아 쓰세요.

보기

| 기록 | 열매 | 조상 | 낙하산 | 쓰임새 |

1 농촌에서 소는 ☐☐☐ 가 많은 동물이다.

2 올가을에 이 대추나무에서는 ☐☐ 가 잘 열리지 않았다.

3 민지는 하루도 빠짐없이 매일 식물을 관찰한 후 일지에 ☐☐ 을 하였다.

03 다음 뜻에 해당하는 낱말을 찾아 가로, 세로, 대각선으로 표시해 보세요.

기	자	나	유	카
록	낙	무	채	놀
벗	꽃	하	꽃	라
쓰	임	새	산	유
민	들	레	튀	김

1 쓰임의 정도나 쓰이는 바

□ □ □

2 어떤 생각이나 사실을 적음. 또는 그 글

□ □

3 신문, 잡지, 방송 따위에 실을 기사를 취재하여 쓰거나 편집하는 사람

□ □

4 비행 중인 항공기 따위에서 사람이나 물건을 안전하게 땅 위에 내리도록 하는 데 쓰는 기구

□ □ □

동물들의 특징이 궁금해

◆ 글쓴이가 어떤 동물들의 특징을 설명하고 있는지 해당하는 낱말에 색칠해요.
◆ 바실리스크 도마뱀과 백곰의 특징을 찾아 각각 밑줄을 그어요.

❶ 동물들은 자신만의 고유한 특징을 갖고 태어납니다. 주로 습한 물가에서 생활하는 바실리스크 도마뱀은 물가에 있는 먹이를 잡을 때 물 위를 뛰어다닙니다. 이때 바실리스크 도마뱀이 물 위를 뛰어다닐 수 있는 건 바로 긴 발가락 덕분입니다. 1초에 스무 걸음을 걷는데, 긴 발가락으로 물을 차서 공기 방울을 만들면 물 위를 뛰어다니는 데 도움이 됩니다.

❷ 한편 영하 40도까지 내려가는 북극에서 백곰은 어떻게 살아갈 수 있을까요? 그 비밀은 바로 백곰의 검은 피부에 있습니다. 사람들은 백곰의 흰 털만 보고 백곰이라고 부르는데, 실제 백곰의 속살은 검은색입니다. 일반적으로 검은색은 열을 잘 흡수하고 또 열을 오래 저장할 수 있습니다. 그래서 추운 북극에 사는 백곰에게 검은 피부는 필수라고 할 수 있습니다.

◆ **습한**: 물기가 많아 축축한
◆ **영하**: 섭씨온도계에서, 눈금이 0℃ 이하의 온도
◆ **흡수하고**: 안으로 빨아들이고

01 이 글의 중심 낱말로 알맞은 것을 찾아 ○ 표시를 하세요(2개).

| 백곰 | 먹이 | 북극 | 바실리스크 도마뱀 |

02 각 동물들의 특징을 선으로 이으세요.

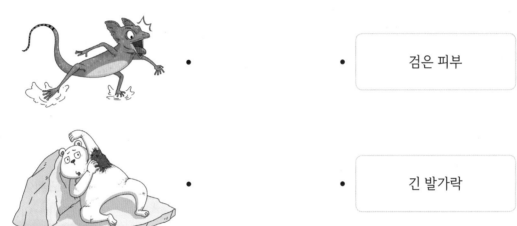

- 검은 피부

- 긴 발가락

03 다음 동물들에 대한 설명이 맞으면 ○, 틀리면 ✕ 표시를 하세요.

1 바실리스크 도마뱀은 습한 물가에서 산다. [○ / ✕]

2 바실리스크 도마뱀은 물 위를 걸을 수 없다. [○ / ✕]

3 백곰은 영하 40도까지 내려가는 북극에서 산다. [○ / ✕]

4 백곰의 털은 검은색이어서 추운 곳에서 생활할 수 있다. [○ / ✕]

04 다음은 이 글의 중심 내용이에요. 빈칸에 알맞은 낱말을 넣어 문장을 완성해 보세요.

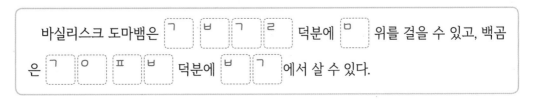

바실리스크 도마뱀은 ㄱ ㅂ ㄱ ㄹ 덕분에 ㅁ 위를 걸을 수 있고, 백곰 은 ㄱ ㅇ ㅍ ㅂ 덕분에 ㅂ ㄱ 에서 살 수 있다.

어휘를 익혀요

01 따라 쓰며 낱말의 뜻을 찾아 바르게 연결해 보세요.

①  • • ㄱ 안으로 빨아들이는 일

② 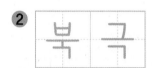 • • ㄴ 물기가 많아 축축하다.

③  • • ㄷ 자침이 가리키는 북쪽 끝

④  • • ㄹ 동물이 살아가기 위해 먹어야 할 거리

⑤ 습 하 다 • • ㅁ 섭씨온도계에서, 눈금이 0℃ 이하의 온도

02 보기에서 알맞은 낱말을 골라 다음 문장을 바르게 완성하세요.

> 보기
>
> 속살   영하   흡수   습(하다)

① 한여름에 교실은 덥고 □한 공기로 가득 차 있었다.

② 기온이 □□로 내려가면서 처마 끝에 고드름이 생겼다.

③ 이 옷감은 바람을 막아 주면서도 땀의 □□가 빨라 겨울용 등산복을 만드는 데 적절하다.

03 갈림길에 낱말의 뜻이 적혀 있어요. 해당하는 낱말을 골라 민재에게 집으로 가는 길을 안내해 주세요.

03 상황에 맞는 말

◆ 도하가 한국말 중 어려워하는 것은 무엇인지 해당하는 낱말에 색칠해요.
◆ 상대를 높이기 위한 표현 방법 두 가지를 찾아 밑줄을 그어요.

① 도하는 외국에서 오래 살다 왔어요. 친구 준영이 집에 초대를 받은 도하는 주말에 준영이 집에 놀러 갔어요. 도하는 마침 집에 계신 준영이 아버지께 인사를 했어요.

"네가 외국에서 왔다는 준영이 친구구나. 난 준영이 아빠야. 반갑구나."

"준영이 아빠, 반가워."

도하의 말을 들은 준영이의 얼굴이 붉으락푸르락해졌어요.

"야, 김도하! 너 왜 우리 아빠한테 반말해?"

"반말이 뭔데?"

② "하하하. 준영이 친구가 아직 한국말에 서투르구나. 한국에서는 대화하는 상대에 따라 말하는 방법이 달라진단다. 보통 나보다 나이가 많은 상대에게는 상대를 높이는 존댓말을 쓰고, 나와 나이가 같거나 어린 상대에게는 낮추어 말하는 반말을 쓰지. 상대를 높이기 위해서는 '진지'와 같은 높임 표현을 사용하거나, 반말의 끝에 '습니다'나 '요'를 붙이면 된단다. 따라서 '반가워.' 대신 '반갑습니다.'나 '   ㄱ   '라고 말하면 된단다."

도하는 머리가 어질어질해졌어요.

③ "으…… 한국말은 너무 어려워."

"도하야, 쓰다 보면 익숙해질 거야. 내가 계속 알려 줄게!"

준영이가 도하의 어깨를 두드리며 말했어요.

◆ **초대**: 어떤 모임에 남을 오라고 하여 대접하는 것
◆ **진지**: '밥'의 높임말

01 이 글의 중심 낱말로 알맞은 것을 찾아 ◯ 표시를 하세요.

| 대 | 화 | | | 아 | 빠 | | | 진 | 지 | | | 존 | 댓 | 말 |

02 다음 중 ㉠에 들어갈 알맞은 말에 ◯ 표시를 하세요.

| 반가워. | 반가워요. | 반갑구나. |

(   )   (   )   (   )

03 다음 상황에서 도하가 올바른 말을 할 수 있도록 빈칸에 알맞은 말을 쓰세요.

할머니, 밥 먹어.

할머니♡

도하야, 할머니께서는 연세가 많으시잖아. 그래서 "할머니, ㅈㅈ 드세요."라고 말해야 해.

아~~!

04 다음은 이 글의 중심 내용이에요. 빈칸에 알맞은 낱말을 넣어 문장을 완성해 보세요.

한국말은 대화하는 ㅅㄷ 에 따라 말을 높이는 ㅈㄷㅁ 을 사용하거나 말을 낮추는 ㅂㅁ 을 사용한다.

01 따라 쓰며 낱말의 뜻을 찾아 바르게 연결해 보세요.

1 대화 ·

2 반말 ·

3 진지 ·

4 초대 ·

5 존댓말 ·

· **ㄱ** '밥'의 높임말

· **ㄴ** 사람이나 사물을 높여서 이르는 말

· **ㄷ** 손아랫사람에게 하듯 낮추어 하는 말

· **ㄹ** 어떤 모임에 남을 오라고 하여 대접하는 것

· **ㅁ** 마주 대하여 이야기를 주고받음. 또는 그 이야기

02 빈칸에 들어갈 알맞은 낱말을 **보기**에서 찾아 쓰세요.

보기

| 대화 | 반말 | 인사 | 진지 | 초대 |

1 우리 서로 동갑이니 앞으로 ⬚⬚을 씁시다.

2 나는 친구 생일 파티에 ⬚⬚를 받아 친구 생일 선물을 샀다.

3 할아버지께서 작년부터 ⬚⬚도 잘 잡수시지 않고 눕는 날이 많았다.

03 다음 어휘 카드에 적힌 낱말의 뜻을 생각하며 물음에 답하세요.

(1) 제시된 낱말과 비슷한 낱말을 골라 ◯ 표시를 하세요.

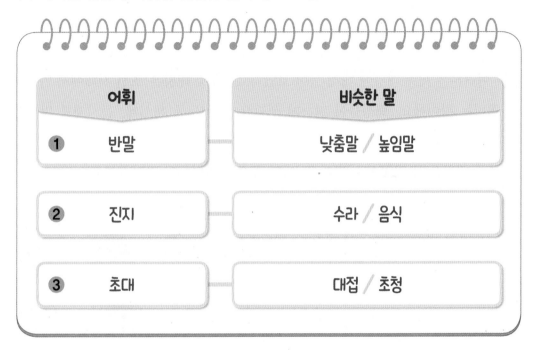

어휘	비슷한 말
❶ 반말	낮춤말 / 높임말
❷ 진지	수라 / 음식
❸ 초대	대접 / 초청

(2) 제시된 낱말과 반대되는 낱말을 골라 ◯ 표시를 하세요.

어휘	반대말
❶ 어렵다	쉽다 / 까다롭다
❷ 존댓말	반말 / 높임말
❸ 익숙하다	노련하다 / 서투르다

세종 대왕님 편찮으세요?

◆ 이 글은 누구에 대해 설명하고 있는지 해당하는 인물에 색칠해요.
◆ 세종 대왕이 앓은 병의 증상으로는 어떤 것들이 있는지 찾아 밑줄을 그어요.

1 여러분은 세종 대왕에 대해 들어 보았나요? 세종 대왕은 조선 시대에서 가장 위대하다고 꼽히는 왕이에요. 백성들이 편하게 생활할 수 있도록 해시계, 물시계를 만들었을 뿐만 아니라 우리나라의 글자인 한글도 만들고, 나라의 영토도 넓힌 똑똑한 왕이었답니다. 그런데 세종 대왕은 몸 곳곳이 아팠대요. 어떤 증상이 있었는지 알아볼까요?

2 세종 대왕은 머리가 아프고, 눈병이 자주 났대요. 그리고 얼굴이 점점 굳어져 표정이 삐뚤어져 보였대요. 또 몸이 퉁퉁 붓고, 설사를 자주 하며, 손이 떨리기도 했대요.

3 세종 대왕이 이렇게 많은 병을 앓은 것은 일을 너무 많이 했기 때문이에요. 조선이 세워진 지 얼마 되지 않았을 때라 해야 할 나랏일이 많았거든요. 세종 대왕은 밤낮 일만 하느라 쉬지도 못하고, 운동도 못했어요. 많은 일을 해야 하니 스트레스도 많이 받았지요. 게다가 편식이 심해서 채소를 먹기 싫어하고 고기만 먹었다고 해요. 이렇게 세종 대왕은 나라를 위해 많은 일을 했지만 여러 가지 병으로 고생했어요. 여러분은 세종 대왕을 보면서, 공부를 하고 일을 하는 것만큼이나 건강을 지키는 게 중요하다는 사실을 잊지 않기로 해요.

◆ **증상**: 어떤 병의 특징이 나타난 것
◆ **나랏일**: 나라에 관한 일. 또는 나라의 정치에 관한 일
◆ **편식**: 자기가 좋아하는 몇 가지 음식만 골라 먹는 것

01 이 글은 누구에 대한 이야기인지 해당하는 인물을 찾아 ○ 표시를 하세요.

| 왕 | | 백 | 성 | | 세 | 종 | 대 | 왕 |

02 다음 중 세종 대왕이 앓은 병이 <u>아닌</u> 것은 무엇인가요?　　　　[✐　　]

① 웃음이 자꾸 나오는 병
② 머리가 아프고 몸이 붓는 병
③ 설사가 계속 나고 손이 떨리는 병

03 세종 대왕에 대한 설명으로 알맞은 것을 모두 골라 ✓ 표시를 하세요(3개).

[　] 편식이 심했다.　　　　　[　] 고려 시대에 살았다.

[　] 땅시계를 만들었다.　　　[　] 한글을 만들었다.

[　] 나라의 영토를 넓혔다.

04 다음은 이 글의 중심 내용이에요. 빈칸에 알맞은 낱말을 넣어 문장을 완성해 보세요.

> [ㅈ][ㅅ] 시대에 가장 위대하다고 꼽히는 왕인 [ㅅ][ㅈ][ㄷ][ㅇ]은 밤낮으로 나랏일을 하느라 많은 [ㅂ]을 앓았다.

21

01 따라 쓰며 낱말의 뜻을 찾아 바르게 연결해 보세요.

① 백 성 · · ㄱ 어떤 병의 특징이 나타난 것

② 영 토 · · ㄴ 국제법에서, 국가의 통치권이 미치는 구역

③ 증 상 · · ㄷ 나라에 관한 일. 또는 나라의 정치에 관한 일

④ 편 식 · · ㄹ 자기가 좋아하는 몇 가지 음식만 골라 먹는 것

⑤ 나 랏 일 · · ㅁ 나라의 근본을 이루는 일반 국민을 예스럽게 이르는 말

02 빈칸에 들어갈 알맞은 낱말을 보기 에서 찾아 쓰세요.

보기

| 영토 | 증상 | 편식 | 나랏일 | 물시계 |

① 의사는 환자의 ☐☐ 에 따라 적당한 처방을 내린다.

② 왕은 밤새도록 ☐☐☐ 에 대하여 고민하고 있었다.

③ 건강을 위해서는 ☐☐ 을 하지 말고 모든 음식을 골고루 먹어야 한다.

03 다음 어휘 카드에 적힌 뜻을 읽고, 그 뜻에 알맞은 낱말을 골라 ✓표시를 하세요.

❶ 어떤 병의 특징이 나타난 것

☐ 증상　　☐ 현상

❷ 국제법에서, 국가의 통치권이 미치는 구역

☐ 영토　　☐ 토양

❸ 자기가 좋아하는 몇 가지 음식만 골라 먹는 것

☐ 음식　　☐ 편식

❹ 사람이나 동물이 일정한 환경에서 활동하며 살아감

☐ 생애　　☐ 생활

❺ 바르지 아니하고 한쪽으로 기울어지거나 쏠려 있다.

☐ 바르다　　☐ 삐뚤다

05 철새의 이동

◆ 계절에 따라 사는 곳을 옮기는 새를 무엇이라고 하는지 해당하는 낱말에 색칠해요.
◆ 철새가 이동하는 까닭을 찾아 밑줄을 그어요.

1 우리나라에는 계절마다 다양한 철새가 찾아옵니다. 계절에 따라 사는 곳을 옮기는 새를 철새라고 하는데, 여름 철새와 겨울 철새로 구분할 수 있습니다. 여름 철새는 봄에 우리나라로 날아와서 여름을 보내고 가을이 되면 떠나갑니다. 제비, 뻐꾸기, 꾀꼬리, 물총새 등이 대표적인 여름 철새입니다. 겨울 철새는 가을에 우리나라로 날아와서 겨울을 보내고 봄이 되면 이동합니다. 기러기, 두루미, 독수리, 고니 등이 겨울 철새에 속합니다.

2 그런데 철새는 왜 이동하는 것일까요? 철새가 이동하는 까닭은 아직 뚜렷하게 밝혀지지 않았지만, 계절에 따른 기온의 변화와 먹이 문제 때문이라는 의견이 대부분입니다. 새들은 알을 낳기에 적합한 환경이나, 먹잇감이 풍부하고 온도가 알맞아 서식하기 좋은 곳을 찾아 이동하는 것이지요. 이러한 이유로 철새는 한 해 두 차례씩 사는 곳을 옮깁니다.

3 철새는 이동하는 형태도 다양합니다. 한 마리씩 떨어져 직선적으로 이동하기도 하고, 수천 마리가 떼를 지어 한 덩어리처럼 이동하기도 합니다. 막대 모양이나 열쇠 모양 등의 모양을 이루며 질서 있게 무리를 지어 움직이기도 합니다.

◆ **뚜렷하게:** 엉클어지거나 흐리지 않고 아주 분명하게
◆ **서식하기:** 생물 따위가 일정한 곳에 자리를 잡고 살기
◆ **떼:** 여럿이 함께 모여 있는 무리

01 이 글의 중심 낱말로 알맞은 것을 찾아 ○ 표시를 하세요.

| 계 | 절 | | 먹 | 이 | | 서 | 식 | | 철 | 새 |

02 철새에 대한 설명으로 알맞은 것을 모두 골라 ✓ 표시를 하세요(2개).

☐ 계절에 따라 사는 곳을 옮긴다.

☐ 겨울 철새는 봄에 우리나라에 온다.

☐ 여름 철새는 우리나라에서 겨울을 보낸다.

☐ 철새는 이동을 할 때 다양한 형태로 무리를 지어 움직인다.

03 이 글에 대한 설명으로 알맞은 것을 골라 보세요.

1 철새는 먹이가 [풍부한 / 부족한] 곳으로 이동한다.

2 기러기, 두루미, 독수리, 고니 등은 [여름 철새 / 겨울 철새]이다.

04 다음은 이 글의 중심 내용이에요. 빈칸에 알맞은 낱말을 넣어 문장을 완성해 보세요.

| ㄱ | ㅈ | 에 따른 기온의 변화와 | ㅁ | ㅇ | 문제 때문에 사는 곳을 옮기는 새를 | ㅊ | ㅅ | 라고 한다.

어휘를 익혀요

01 따라 쓰며 낱말의 뜻을 찾아 바르게 연결해 보세요.

1  ·

· ㄱ 철을 따라 이리저리 옮겨 다니며 사는 새

2  ·

· ㄴ 생물 따위가 일정한 곳에 자리를 잡고 삶

3  ·

· ㄷ 사물의 성질, 모양, 상태 따위가 바뀌어 달라짐

4  ·

· ㄹ 사람이나 짐승, 사물 따위가 모여서 뭉친 한 동아리

5 철 새 ·

· ㅁ 필요한 양이나 기준에 미치지 못해 충분하지 아니함

02 빈칸에 들어갈 알맞은 낱말을 보기에서 찾아 쓰세요.

> 보기
>
> 떼   계절   서식   철새   먹잇감

1 굶주린 사자가 [　][　][　]을 구하러 다녔다.

2 이곳은 [　][　] 환경이 좋아 새들이 많이 모여든다.

3 수업이 끝나자 아이들은 우르르 [　]를 지어 운동장으로 나갔다.

03 다음 뜻에 해당하는 낱말을 빈칸에 써서 끝말잇기를 해 보세요. 잘 모르겠다면 초성 힌트를 참고해 보세요.

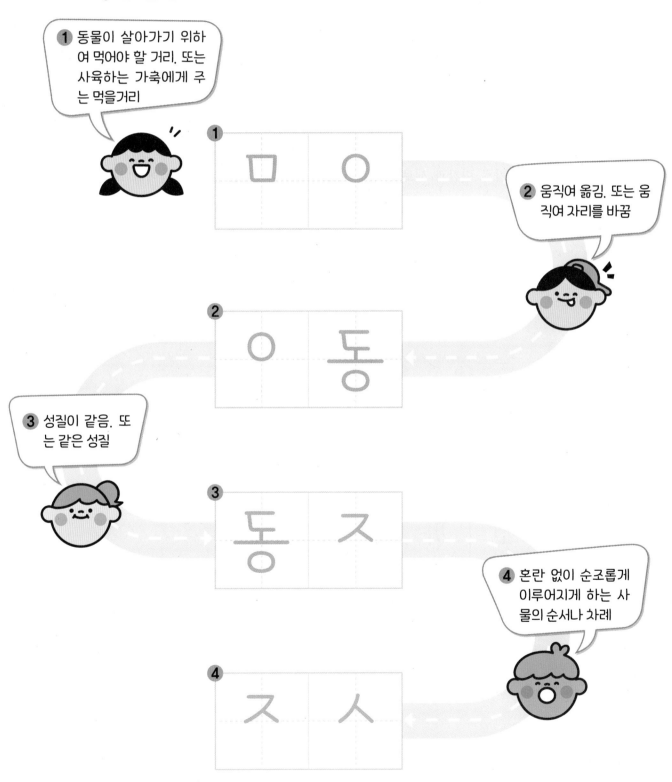

1 동물이 살아가기 위하여 먹어야 할 거리. 또는 사육하는 가축에게 주는 먹을거리

① ㅁ ㅇ

2 움직여 옮김. 또는 움직여 자리를 바꿈

② ㅇ 동

3 성질이 같음. 또는 같은 성질

③ 동 ㅈ

4 혼란 없이 순조롭게 이루어지게 하는 사물의 순서나 차례

④ ㅈ ㅅ

생활

01 무슨 말이 들어갈까

> 십자말풀이를 보면서
> 글의 내용을 더 정확하게
> 이해해요.

십자말풀이는 어휘의 뜻풀이를 보고, 정답의 글자 수만큼 비워진 칸에 어떤 어휘가 들어가야 할지 맞히는 놀이입니다. 빈칸들이 가로질러 놓인 모양이 한자 '열 십(十)'자처럼 생겼다고 해서 '십자말풀이'라고 부르지요. 가로 빈칸을 채울 때에는 가로 문제를 풀고, 세로 빈칸을 채울 때에는 세로 문제를 풀어야 합니다. 가로 빈칸과 세로 빈칸이 겹치는 칸에는 같은 글자가 들어간다는 것을 알아 두세요.

가로 문제 ❶번의 답은 '낮잠'이야!

세로 문제 ❶번의 답은 '잠자리'구나!

가로 문제

❶ 낮에 자는 잠
❷ 코가 길고 덩치가 크며 주로 아프리카나 인도에 사는 동물

세로 문제

❶ 몸이 가늘고 길며, 두 개의 큰 눈과 네 개의 날개가 있는 곤충
❷ 코에서 흘러나오는 피

☆ 다음 십자말풀이를 보고, 문제를 풀어 보세요.

❶도	미	❶노				❽떡	
		란			❻❺약	국	
		❷색	도	❷화	지		
				장			❼이
		❸❸교	실				야
	❹❹주		장		❼기	❻러	기
	머					시	
❺언	니					❽아	

01

다음 중 **초록색 칸**을 채우기 위해서는 어떤 문제를 풀어야 하나요?

① 세로 ❶번   ② 세로 ❷번   ③ 세로 ❸번

02

다음 문제를 보고 **노란색 칸**을 채우려면 빈칸에 어떤 말이 들어가야 할지 쓰세요.

[가로 문제] ❹ 차를 세워 두도록 마련한 장소

| 주 | | 장 |

03

십자말풀이를 직접 만들어 보아요. **주황색 칸**의 문제를 만들고 그 답도 쓰세요.

[가로 문제] ❽ _____

| 아 | |

생활

02 씨앗아, 뭐가 필요해?

윤아와 씨앗의 대화를 읽고, 식물이 자라려면 무엇이 필요한지 알아보아요.

01 씨앗이 자라 식물이 되기 위해 필요한 세 가지는 무엇인가요? 윤아와 씨앗의 대화에서 찾아 쓰세요.

✏️ [   ]   ✏️ [   ]   ✏️ [   ]

02 씨앗의 부탁을 들은 윤아가 어떤 행동을 해야 할지 **보기**의 **ㄱ~ㄷ**을 순서대로 쓰세요.

> **보기**
>
> **ㄱ** 화분에 물을 붓는다.
> **ㄴ** 화분을 해가 잘 드는 곳에 둔다.
> **ㄷ** 화분에 씨앗을 넣고 흙으로 덮는다.

✏️ _____ → _____ → _____

03 이 글로 보아 다음 그림 속 식물이 잘 자라지 못하는 이유는 무엇인가요? ✏️ [   ]

① 주인이 옆에 없어서
② 그늘에 식물을 두어서
③ 집 밖에서 키우지 않아서

태양을 사랑한 금잔화

◆ 이 글은 무슨 꽃에 얽힌 이야기인지 해당하는 낱말에 색칠해요.
◆ 금잔화의 모습을 설명하는 부분에 밑줄을 그어요.

1 먼 옛날 태양의 신을 사랑한 청년이 있었습니다. 그 청년은 어릴 때부터 하늘에 뜬 태양을 바라보기를 좋아했어요. 그러다가 태양이 지는 밤이 되면 아쉬운 마음을 감추지 못했지요. 태양의 신도 자신을 좋아하는 청년을 기특하게 생각하고 아꼈어요. 한편 구름의 신은 청년이 못마땅했어요. 태양이나 자신이나 하늘에 떠 있는 것은 마찬가지인데, 청년이 태양만 좋아하자 질투가 난 거예요. 그래서 구름의 신은 청년이 태양을 보지 못하도록 태양이 동쪽 하늘에서 떠오를 때부터 서쪽 하늘로 질 때까지 태양을 따라다니며 가렸지요. 무려 여드레 동안이나 말이에요.

2 청년은 태양을 보지 못하게 되자 무척 슬펐어요. 하루하루 청년이 수척해지는 것이 눈에 보일 정도였지요. 태양을 그리워하며 시름시름 앓던 청년은 결국 죽고 말았어요. 드디어 구름이 걷힌 날, 태양의 신은 매일 자신을 바라보던 청년을 찾았어요. 그러나 태양의 신이 볼 수 있었던 것은 청년의 무덤뿐이었지요. 태양의 신은 몹시 슬퍼하면서 청년을 꽃으로 만들었어요. 그 꽃이 바로 금잔화랍니다.

3 이렇게 생겨난 꽃이기 때문일까요? 금색과 붉은색의 꽃잎이 섞인 금잔화의 모습은 태양과 참 닮았어요. 또한 금잔화는 태양이 떠 있을 때는 태양이 있는 쪽을 향해 활짝 피어 있다가, 태양이 지면 꽃잎을 닫는 답니다. 마치 청년이 태양이 떠 있을 때는 태양을 바라보다가, 태양이 지면 슬퍼했던 것처럼 말이에요. 태양을 보지 못해 슬펐던 청년의 마음을 담아 금잔화의 꽃말도 '이별의 슬픔'이 되었다고 합니다.

◆ **기특하게**: 말하는 것이나 행동하는 것이 신통하여 귀염성이 있게
◆ **수척해지는**: 몸이 몹시 야위고 마른 듯해지는
◆ **무덤**: 송장이나 유골을 땅에 묻어 놓은 곳

정답과 해설 16쪽

01 이 글에서 청년은 죽어서 무엇이 되었는지 해당하는 낱말에 ○ 표시를 하세요.

| 신 | | 구 | 름 | | 태 | 양 | | 금 | 잔 | 화 |

02 금잔화 이야기에 대한 내용으로 알맞지 <u>않은</u> 것은 무엇인가요? [   ]

① 구름의 신은 8일 동안 태양을 가렸다.

② 청년은 태양을 보지 못하자 직접 하늘로 올라갔다.

③ 태양의 신은 자신을 그리워하다 죽고 만 청년을 꽃으로 만들었다.

03 이 글의 내용을 참고하여, 제시된 상황과 금잔화의 모습을 바르게 선으로 이으세요.

태양이 떠 있을 때 •

•

태양이 졌을 때 •

•

04 다음은 이 글의 중심 내용이에요. 빈칸에 알맞은 낱말을 넣어 문장을 완성해 보세요.

ㅌ ㅇ 의 신을 사랑한 청년은 ㄱ ㄹ 의 신의 질투로 태양을 보지 못하게 되자 죽고 말았다. 청년이 죽은 것을 알게 된 태양의 신은 죽은 청년을 ㄱ ㅈ ㅎ 로 만들었다.

어휘를 익혀요

01 따라 쓰며 낱말의 뜻을 찾아 바르게 연결해 보세요.

①  ・

・ㄱ 성년 남자

②  ・

・ㄴ 슬픈 마음이나 느낌

③  ・

・ㄷ 두 가지 이상의 것을 한데 합치다.

④  ・

・ㄹ 송장이나 유골을 땅에 묻어 놓은 곳

⑤ 청 년 ・

・ㅁ 사람 또는 사물이 서로 비슷한 생김새나 성질을 지니다.

02 보기 에서 알맞은 낱말을 골라 다음 문장을 바르게 완성하세요.

> 보기
>
> 무덤   청년   태양   기특(하다)   수척(하다)

① 아이들이 ☐☐하게도 집 청소를 말끔하게 해 놓았다.

② 그는 추석을 맞아 아버지의 ☐☐에 벌초를 하러 갔다.

③ 병으로 최근 육칠일 동안 아무것도 먹지 못한 아들은 몹시 ☐☐해 있었다.

03 다음 어휘 카드에 적힌 낱말의 뜻을 생각하며 물음에 답하세요.

(1) 제시된 낱말과 비슷한 낱말을 골라 ○ 표시를 하세요.

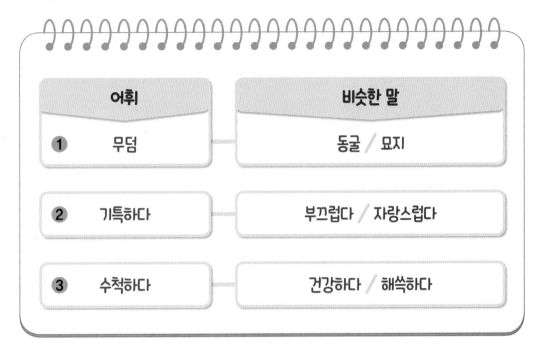

어휘	비슷한 말
❶ 무덤	동굴 / 묘지
❷ 기특하다	부끄럽다 / 자랑스럽다
❸ 수척하다	건강하다 / 해쓱하다

(2) 제시된 낱말과 반대되는 낱말을 골라 ○ 표시를 하세요.

어휘	반대말
❶ 슬픔	기쁨 / 비애
❷ 청년	노인 / 젊은이
❸ 좋아하다	기뻐하다 / 싫어하다

산호는 식물일까

◆ 이 글은 무엇에 대해 설명하고 있는지 해당하는 낱말에 색칠해요.
◆ 산호가 동물인 이유를 찾아 밑줄을 그어요.

1 바닷속에도 아름다운 숲이 있습니다. 바로 산호로 이루어진 숲입니다. 그런데 나뭇가지처럼 생긴 이 산호가 식물이 아니라는 사실, 알고 있었나요? '산호'를 '산호초'라고도 부르고는 하니, 똑같이 '초'로 끝나는 '야생초', '약초'처럼 식물이라고 생각했을지도 모르겠어요. 하지만 산호는 식물이 아닙니다. 그럼 돌이나 보석일까요? 돌처럼 단단하고, 보석처럼 예쁘니까요. 하지만 산호는 돌도 보석도 아니랍니다. 그럼 산호의 정체는 무엇일까요?

2 놀랍게도 산호의 정체는 바로 동물입니다. '폴립'이라는 아주 작은 바다 생물이 모여 하나의 동물을 이루는데, 그 동물을 '산호'라고 부릅니다. 이 폴립들은 자신의 몸을 보호하기 위해 바다의 석회를 모아 단단한 껍데기를 만들어요. 그러면 산호는 점점 커져 마치 나뭇가지와 같은 모습이 되는데, 이 모습이 우리가 알고 있는 산호랍니다.

3 산호는 껍데기 안에 숨어 있다가 독이 있는 촉수를 펼쳐서 먹이를 사냥해요. 플랑크톤이나 게, 새우, 작은 물고기 등을 기절시켜서 잡아먹지요. 이렇게 움직이기도 하고 먹이도 잡아먹기 때문에 산호를 동물이라고 해요. 그러다가 산호에 있던 폴립이 모두 죽고, 겉의 껍데기만 남으면 그걸 '산호초'라고 부른답니다. 산호초는 산호가 죽고 남은 뼈인 셈이지요.

◆ **정체:** 참된 본디의 형체
◆ **보호하기:** 위험이나 곤란 따위가 미치지 아니하도록 잘 보살펴 돌보기
◆ **기절시켜서:** 두려움이나 놀람, 충격 등을 주어 한동안 정신을 잃게 하여

폴립

01 이 글의 중심 낱말로 알맞은 것을 찾아 ○ 표시를 하세요.

산 호   새 우   식 물   껍 데 기

02 이 글에 대한 설명으로 알맞은 것을 골라 보세요.

1 산호는 [숲속 / 바닷속]에서 산다.

2 산호는 [폴립 / 플랑크톤]을 먹고 산다.

03 다음은 산호의 삶을 나타낸 그림이에요. 빈칸에 들어갈 알맞은 말을 쓰세요.

1 □□이라는 아주 작은 바다 생물이 모인다.

산호는 2 □□를 모아 단단한 껍데기를 만든다.

폴립이 모두 죽고 껍데기만 남으면 이를 3 □□□라고 부른다.

04 다음은 이 글의 중심 내용이에요. 빈칸에 알맞은 낱말을 넣어 문장을 완성해 보세요.

> ㅅㅎ는 폴립이라는 작은 바다 생물이 모여 하나의 ㄷㅁ을 이룬 것이다. 움직이고 ㅁㅇ를 사냥하여 잡아먹기 때문에 산호를 동물로 본다.

어휘를 익혀요

01 따라 쓰며 낱말의 뜻을 찾아 바르게 연결해 보세요.

❶ | 기 | 절 | •　　•　ㄱ 참된 본디의 형체

❷ | 보 | 호 | •　　•　ㄴ 달걀이나 조개 따위의 겉을 싸고 있는 단단한 물질

❸ | 사 | 냥 | •　　•　ㄷ 두려움이나 놀람, 충격 등을 주어 한동안 정신을 잃음

❹ | 정 | 체 | •　　•　ㄹ 위험이나 곤란 따위가 미치지 아니하도록 잘 보살펴 돌봄

❺ | 껍 | 데 | 기 | •　　•　ㅁ 총이나 활 또는 길들인 매나 올가미 따위로 산이나 들의 짐승을 잡는 일

02 빈칸에 들어갈 알맞은 낱말을 보기에서 찾아 쓰세요.

> **보기**
>
> 기절　　　보호　　　산호　　　정체　　　촉수

❶ 남해안에 [　][　]를 알 수 없는 수상한 배가 나타났다.

❷ 환경 [　][　]는 미래의 후손을 위해 아주 중요한 과제이다.

❸ 엄마는 아들의 교통사고 소식을 듣고 [　][　]을 하고 말았다.

03 갈림길에 낱말의 뜻이 적혀 있어요. 해당하는 낱말을 골라 민재에게 집으로 가는 길을 안내해 주세요.

민재

1 두려움이나 놀람, 충격 등을 주어 한동안 정신을 잃음

채소 가게

기절

사망

2 위험이나 곤란 따위가 미치지 아니하도록 잘 보살펴 돌봄

보상

보호

3 참된 본디의 형체

형상

정체

문구점

08 왜 나라마다 시간이 다를까

◆ 전 세계의 기준이 되는 시간을 무엇이라고 하는지 해당하는 낱말에 색칠해요.
◆ 나라마다 낮과 밤이 다른 이유를 설명하는 부분에 밑줄을 그어요.

1 하늘에 있는 태양은 낮에는 높이 떠 있다가 저녁이 되면 점점 아래로 움직이는 것처럼 보입니다. 그런데 사실 태양은 항상 제자리에 있고 지구가 움직인다는 사실을 알고 있었나요? 지구가 남극과 북극을 연결하는 직선을 축으로 하여 스스로 하루에 한 바퀴씩 돌기 때문에, 나라마다 낮과 밤이 달라지게 되는 것입니다. 지구가 한 바퀴 돌 때 태양의 빛을 받는 곳은 낮이 되고, 빛을 받지 못하는 곳은 밤이 됩니다.

2 이처럼 지역마다 낮과 밤이 달라지면 쓰는 시간도 달라집니다. 그런데 나라마다 기준을 다르게 하여 시간을 표시하면 더욱 혼란스러워질 수밖에 없습니다. 그래서 사람들은 전세계의 기준이 되는 시간인 세계시를 만들었습니다. 영국 런던에 있는 '그리니치 천문대'가 몇 시인지를 기준으로 세계시를 정한 것입니다. 그리니치 천문대의 오른쪽(동쪽)으로 갈수록 시간이 조금씩 빨라집니다. 그래서 우리나라는 그리니치 천문대가 있는 영국보다 9시간이 빠릅니다. 즉, 영국의 시간에 9시간을 더하면 우리나라의 시간이 됩니다.

영국 런던
2월 2일 오전 1시
"잠을 자요."

대한민국 서울
2월 2일 오전 10시
"학교에서 수업을 들어요."

◆ **제자리**: 본래 있던 자리
◆ **혼란스러워질**: 보기에 뒤죽박죽이 되어 어지럽고 질서가 없는 데가 있어질
◆ **천문대**: 천문 현상을 관측하고 연구하기 위하여 설치한 시설. 또는 그런 기관

01 이 글의 중심 낱말로 알맞은 것을 찾아 ○ 표시를 하세요.

| 기 | 준 | | 지 | 구 | | 태 | 양 | | 세 | 계 | 시 |

02 다음과 같은 상황이 생기는 이유는 무엇인가요? [✎   ]

① 태양이 움직이기 때문이다.
② 지구가 스스로 한 바퀴 돌기 때문이다.
③ 영국이 우리나라보다 시간이 빠르기 때문이다.

03 영국 런던이 오후 2시일 때, 우리나라는 몇 시일까요? [✎   ]

① 오전 2시   ② 오후 9시   ③ 오후 11시

04 다음은 이 글의 중심 내용이에요. 빈칸에 알맞은 낱말을 넣어 문장을 완성해 보세요.

ㅈㄱ 의 움직임 때문에 나라마다 ㄴ 과 ㅂ 이 달라 기준을 다르게 하여

ㅅㄱ 을 표시하면 혼란스러워질 수 있다. 따라서 사람들은 전 세계의 기준이 되는

시간인 ㅅㄱㅅ 를 만들었다.

01 따라 쓰며 낱말의 뜻을 찾아 바르게 연결해 보세요.

① 기 준 •

② 연 결 •

③ 혼 란 •

④ 제 자 리 •

⑤ 천 문 대 •

• ㉠ 본래 있던 자리

• ㉡ 기본이 되는 표준

• ㉢ 뒤죽박죽이 되어 어지럽고 질서가 없음

• ㉣ 사물과 사물을 서로 잇거나 현상과 현상이 관계를 맺게 함

• ㉤ 천문 현상을 관측하고 연구하기 위하여 설치한 시설. 또는 그런 기관

02 빈칸에 들어갈 알맞은 낱말을 보기 에서 찾아 쓰세요.

> 보기
>
> 기준   연결   혼란   제자리   천문대

① 불이 나자 선생님들은 ☐☐ 을 수습하고 학생들을 학교 밖으로 내보냈다.

② ☐☐☐ 에서는 천체의 관측, 천문 이론 연구, 시각의 측정 등의 일을 한다.

③ 여러 사람이 사용하는 물건은 사용한 후 항상 ☐☐☐ 에 갖다 놓는 것이 좋다.

03 다음 뜻에 해당하는 낱말을 찾아 가로, 세로, 대각선으로 표시해 보세요.

그	낮	북	기	세
리	남	극	준	계
니	제	자	리	시
치	연	결	혼	밤
우	리	나	라	란

① 자침이 가리키는 북쪽 끝

② 자침이 가리키는 남쪽 끝

③ 뒤죽박죽이 되어 어지럽고 질서가 없음

④ 사물과 사물을 서로 잇거나 현상과 현상이 관계를 맺게 함

향수의 향기가 바뀌어요

◆ 향에 대한 느낌을 의미하는 낱말에 색칠해요.
◆ 노트의 세 가지 성분에 각각 밑줄을 그어요.

1 지나가는 사람에게서 좋은 향기를 맡아 본 적이 있나요? 향수를 뿌리면 향기가 나지요. 그런데 향수의 향은 시간이 지날수록 달라진다는 사실을 알고 있나요? 이렇게 향수의 향이 달라지는 이유는 향수에 들어가는 성분들이 공기로 날아가는 속도가 다르기 때문이에요.

2 향수의 '노트(note)'는 향에 대한 느낌을 말해요. 향수를 뿌리자마자 나는 첫 번째 향을 '탑 노트(top note)'라고 해요. 탑 노트는 30분 정도 지속돼요. '미들 노트(middle note)'는 탑 노트가 끝남과 동시에 시작되어 1시간 정도 지속돼요. 마지막으로 '베이스 노트(base note)'는 미들 노트가 끝난 후부터 향이 완전히 사라지기 전까지 은은하게 남아 있는 향이에요.

3 탑 노트와 미들 노트, 베이스 노트는 각각 다른 향을 써요. 탑 노트는 짧은 시간만 나므로 일시적인 향이지요. 보통 자극적이고 활력을 주는 상쾌한 향을 많이 사용해요. 미들 노트는 향수의 가장 핵심적인 향이에요. 우리가 누군가를 만나거나 스쳐 지나갈 때 맡는 향들은 대부분 미들 노트랍니다. 베이스 노트는 피부나 옷에 스며드는 경우도 있으므로 대부분 자극이 적고 은은한 향을 사용해요.

4 향수의 향기를 만드는 조향사는 향수에 한 가지 향만 담는 것이 아니라, 이처럼 탑 노트, 미들 노트, 베이스 노트를 고려하여 향수를 만든답니다.

성분: 유기적인 통일체를 이루고 있는 것의 한 부분
속도: 어떤 물체나 현상이 움직이거나 변하는 빠르기의 정도
조향사: 향을 조합하는 일을 전문적으로 하는 사람

01 이 글의 중심 낱말로 알맞은 것을 찾아 ○ 표시를 하세요.

| 공 | 기 | | 노 | 트 | | 피 | 부 | | 조 | 향 | 사 |

02 다음은 향수의 향기를 표현한 그림이에요. 빈칸에 들어갈 알맞은 말을 쓰세요.

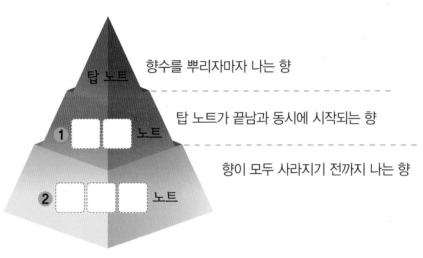

탑 노트 — 향수를 뿌리자마자 나는 향

① □ □ 노트 — 탑 노트가 끝남과 동시에 시작되는 향

향이 모두 사라지기 전까지 나는 향

② □ □ □ 노트

03 향수의 각 노트와 이에 해당하는 설명을 선으로 이으세요.

1 탑 노트	•	•	ㄱ 향수에서 가장 중요한 향이에요.
2 미들 노트	•	•	ㄴ 자극이 적고 은은한 향을 사용해요.
3 베이스 노트	•	•	ㄷ 짧은 시간 동안만 나는 일시적인 향이에요.

04 다음은 이 글의 중심 내용이에요. 빈칸에 알맞은 낱말을 넣어 문장을 완성해 보세요.

향수의 향에는 □ᵗ 노트, 미들 노트, 베이스 노트가 섞여 있다. 이 성분들이 공기로 날아가는 □ˢ □ᶜ 가 다르기 때문에 시간이 지날수록 향이 달라진다.

01 따라 쓰며 낱말의 뜻을 찾아 바르게 연결해 보세요.

1 느 낌 ·

2 성 분 ·

3 속 도 ·

4 향 기 ·

5 조 향 사 ·

· ㉠ 꽃, 향, 향수 따위에서 나는 좋은 냄새

· ㉡ 향을 조합하는 일을 전문적으로 하는 사람

· ㉢ 유기적인 통일체를 이루고 있는 것의 한 부분

· ㉣ 몸의 감각이나 마음으로 깨달아 아는 기운이나 감정

· ㉤ 어떤 물체나 현상이 움직이거나 변하는 빠르기의 정도

02 빈칸에 들어갈 알맞은 낱말을 보기 에서 찾아 쓰세요.

> **보기**
> 느낌   성분   속도   조향사   핵심적

1 수입 농산물에서 농약 ☐☐ 이 검출되었다.

2 운전자는 눈이 많이 내려 차의 ☐☐ 를 줄이면서 운전하였다.

3 ☐☐☐ 는 향을 조합하는 일을 전문적으로 하는 사람이다.

03 다음 어휘 카드에 적힌 뜻을 읽고, 그 뜻에 알맞은 낱말을 골라 ✓ 표시를 하세요.

❶ 짧은 한때의

☐ 영구적   ☐ 일시적

❷ 사물의 가장 중심이 되는 부분

☐ 주변   ☐ 핵심

❸ 꽃, 향, 향수 따위에서 나는 좋은 냄새

☐ 악취   ☐ 향기

❹ 몸의 감각이나 마음으로 깨달아 아는 기운이나 감정

☐ 느낌   ☐ 생각

❺ 어떤 물체나 현상이 움직이거나 변하는 빠르기의 정도

☐ 박자   ☐ 속도

10 서울의 상징 해치

◆ 서울시를 상징하는 전설 속 동물이 무엇인지 그 대상을 찾아 색칠해요.
◆ 우리나라에서 해치는 어떤 의미의 동물인지 두 가지를 찾아 밑줄을 그어요.

1 해치는 전설 속의 동물로 '해태'라고도 부릅니다. 전체적으로 사자 같은 몸에 머리에는 뿔이 나 있고, 겨드랑이에는 날개를 닮은 깃털이 있으며, 온몸은 비늘로 덮여 있지요. 목에는 방울이 달려 있어요. 중국과 일본에서는 사납고 무서운 맹수로 그려지지만, 우리나라에서는 친근하고 정의로운 동물로 그려져요. '해치'라는 이름은 순우리말로 '해님이 파견한 벼슬아치'의 줄임 말이에요. 그 이름처럼 화재나 재앙을 물리치는 신성한 동물로 여겨졌기에 우리나라의 궁궐 입구에는 해치 조각상이 세워져 있어요.

2 또한 해치는 선악을 판단하는 동물이기도 해요. 악한 사람이나 정직하지 못한 사람한테 벌을 내리는 정의로운 동물이지요. 그래서 신라 시대부터 나랏일을 하는 벼슬아치가 입는 옷이나 모자 등에 해치 그림을 넣었대요. 해치를 본받아 공정하고 정의롭게 행동하라는 의미겠지요?

3 해치는 서울시의 상징이기도 해요. 성스러운 동물 해치가 서울에 나쁜 일이 일어나지 못하게 막고, 시민을 행복하게 만들어 주길 바라는 마음을 담고 있어요. 해치를 서울시의 수호신으로 삼은 셈이지요. 싱가포르의 상징인 '머라이언(머리는 사자, 몸은 물고기의 모습을 한 상상 속 동물)'이나 베를린의 상징인 '곰'처럼 '서울' 하면 '해치'가 떠오르게 하는 것이 서울시의 목표라고 합니다.

◆ **맹수**: 다른 짐승을 잡아먹고 사는 사나운 짐승
◆ **정의로운**: 정의에 벗어남이 없이 올바른
◆ **신성한**: 함부로 가까이할 수 없을 만큼 고결하고 거룩한

01 이 글의 중심 낱말로 알맞은 것을 찾아 ○ 표시를 하세요.

| 곰 | | 맹 | 수 | | 해 | 치 | | 머 | 라 | 이 | 언 |

02 다음 해치에 대한 설명이 맞으면 ○, 틀리면 ✕ 표시를 하세요.

1 우리나라에서 해치는 사납고 무서운 맹수로 여겨졌다. [○ / ✕]

2 우리나라에서 해치는 선악을 판단하는 동물로 여겨졌다. [○ / ✕]

3 우리나라의 궁궐 입구에 해치 조각상을 세운 이유는 해치를 신성한 동물이라고 여겼기 때문이다. [○ / ✕]

03 도시의 이름과 각 도시를 상징하는 동물을 선으로 이으세요.

| 서울 | 베를린 | 싱가포르 |

04 다음은 이 글의 중심 내용이에요. 빈칸에 알맞은 낱말을 넣어 문장을 완성해 보세요.

서울시를 상징하는 ㅈ ㅅ 속 동물인 ㅎ ㅊ 는 예부터 우리나라에서 신성하고 정의로운 동물로 여겨졌다.

01 따라 쓰며 낱말의 뜻을 찾아 바르게 연결해 보세요.

① | 맹 | 수 |

　　　　　㉠ 다른 짐승을 잡아먹고 사는 사나운 짐승

② | 비 | 늘 |

　　　　　㉡ 국가, 민족, 개인 등을 지키고 보호하여 주는 신

③ | 신 | 성 |

　　　　　㉢ 함부로 가까이할 수 없을 만큼 고결하고 거룩함

④ | 정 | 의 |

　　　　　㉣ 어류나 파충류의 표피를 덮고 있는 얇고 단단하게 생긴 작은 조각

⑤ | 수 | 호 | 신 |

　　　　　㉤ 개인 간의 올바른 도리. 또는 사회를 구성하고 유지하는 공정한 도리

02 보기에서 알맞은 낱말을 골라 다음 문장을 바르게 완성하세요.

보기
| 맹수 | 방울 | 공정(하다) | 신성(하다) |

① 백두산은 일찍부터 사람들이 □□한 장소로 여기는 곳이었다.

② 산간 마을에서 큰 짐승으로 추정되는 □□ 발자국이 발견되었다.

③ 선생님께서는 학생들을 언제나 □□하게 대하려고 노력하신다.

03

다음 뜻에 해당하는 낱말을 빈칸에 써서 끝말잇기를 해 보세요. 잘 모르겠다면 초성 힌트를 참고해 보세요.

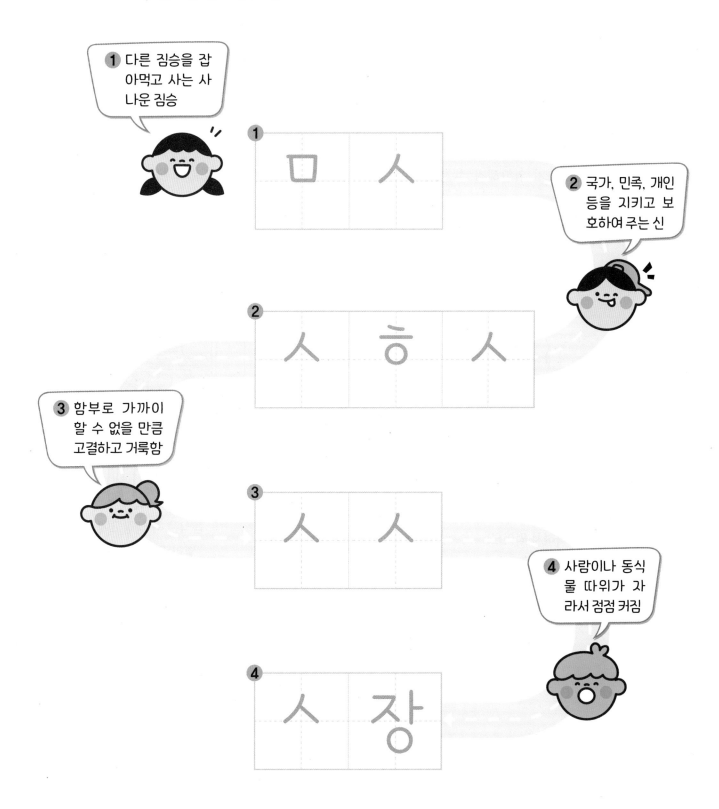

1 다른 짐승을 잡아먹고 사는 사나운 짐승

2 국가, 민족, 개인 등을 지키고 보호하여 주는 신

3 함부로 가까이 할 수 없을 만큼 고결하고 거룩함

4 사람이나 동식물 따위가 자라서 점점 커짐

1 ㅁ ㅅ

2 ㅅ ㅎ ㅅ

3 ㅅ ㅅ

4 ㅅ 장

03 이거 먹어도 될까요

> 66
> 식중독에 걸리지 않으려면
> 어떤 점을 주의해야 하는지
> 정리하며 읽어요.
> 99

우리나라는 여름에 온도가 높고 습기가 많습니다. 이런 날씨에는 음식이 상하기 쉬워요. 상한 음식을 먹으면 우리 몸의 소화 기관에 병이 생길 수 있는데, 이 병을 '식중독'이라고 합니다. 식중독에 걸리면 배가 아프고 설사를 합니다. 설사를 계속 하면 몸속의 수분이 모자라는 탈수가 오는데, 탈수가 심해지면 목숨까지 위험해질 수 있습니다. 따라서 식중독에 걸리지 않도록 주의해야 합니다. 그럼 식중독을 예방하는 방법을 알아볼까요?

식중독에 안 걸리려면
어떻게
해야 할까요?

하나. 고기, 생선, 조개는
꼭 익혀서 먹어요!

둘. 음식을 먹기 전에
꼭 손을 씻어요!

셋. 음식은 꼭 냉장고에
넣어 두어요!

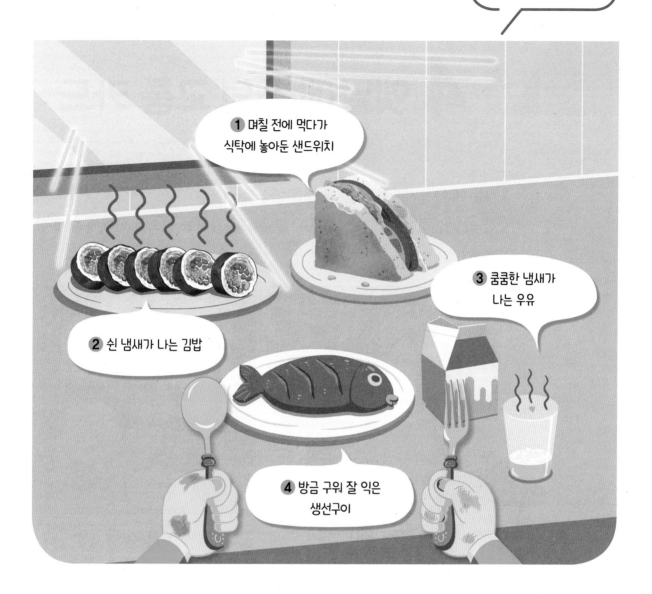

① 며칠 전에 먹다가 식탁에 놓아둔 샌드위치

② 쉰 냄새가 나는 김밥

③ 쿰쿰한 냄새가 나는 우유

④ 방금 구워 잘 익은 생선구이

01 뜨거운 여름날, 민서가 점심을 먹으려고 해요. 위의 ①~④에서 민서가 먹으면 안 되는 음식을 모두 고르세요(3개).

02 01번에서 고른 음식은 왜 먹으면 안 될까요? 빈칸에 들어갈 알맞은 말을 쓰세요.

상한 음식을 먹으면 'ㅅ ㅈ ㄷ'이라는 병에 걸릴 수 있기 때문이다.

03 민서가 음식을 먹기 전에 해야 할 일을 쓰세요.

생활

04 옛날에 쓰던 교통 카드

우리는 버스나 지하철을 탈 때 교통 카드를 이용해요. 옛날에도 교통 카드와 비슷한 역할을 하던 마패라는 물건이 있었어요. 만화를 읽으며 마패에 대해 알아볼까요?

> 마패와 교통 카드의 공통점과 차이점이 무엇인지 확인하며 읽어요.

1 옛날 옛날에 춘향과 몽룡이 살았어요. 둘은 사랑하는 사이였는데 몽룡이 과거 시험을 보러 한양으로 떠났죠.

2 그 사이에 고을 수령이던 변 사또가 춘향을 괴롭혔어요.
너는 이제 몽룡을 버리고 나를 섬겨야 한다.
그럴 수 없습니다.

3 몽룡은 암행어사가 되어 춘향이 있는 곳으로 돌아왔어요.
변사또 생일

4 이때, 몽룡이 내미는 것이 바로 '마패'랍니다.
암행어사 출두야!

5 마패는 관리들이 지방에 갈 때 나라의 말을 이용할 수 있도록 한 둥근 모양의 판이에요. 고려 시대에 처음 생겼고, 조선 시대에도 사용됐어요.
이 마패를 보여 주면 말을 빌려줄 것이오.
알겠습니다.

6 마패에 있는 말의 수는 빌릴 수 있는 말의 수를 의미해요.
암행어사는 말이 두 마리나 세 마리가 그려진 마패를 받았어.

01 마패에 그려진 말이 의미하는 것은 무엇인가요?

① 이용할 수 있는 말의 수
② 역에서 쉬고 있는 말의 수
③ 나라에 바쳐야 하는 말의 수

02 마패와 교통 카드의 공통점과 차이점을 정리할 때 빈칸에 들어갈 알맞은 말을 쓰세요.

공통점	① ㄱ ㅌ ㅅ ㄷ 을 이용할 수 있는 도구임
차이점	② ㅁ ㅍ 는 아주 적은 사람들만 사용할 수 있었으나, 교통 카드는 누구나 사용할 수 있음

11 어떤 색의 음식이 필요해?

◆ 이 글은 무엇에 따른 효능에 대해 설명하고 있는지 색칠해요.
◆ 다섯 가지 색의 음식이 우리 몸에 미치는 효능에 대해 각각 밑줄을 그어요.

1 음식은 크게 '빨간색, 노란색, 검은색, 초록색, 흰색'의 다섯 가지 색으로 나눌 수 있어요. 음식은 색에 따라 우리 몸에 조금씩 다르게 도움을 준답니다. 음식의 색에 따른 효능을 알아볼까요?

2 우선 빨간색 음식은 피를 맑고 깨끗하게 만들어요. 그래서 토마토, 대추, 오미자 같은 음식은 심장에 생기는 병을 예방해 주지요. 노란색 음식은 위를 튼튼하게 해 줘요. 소화가 잘 되지 않을 때에는 호박죽이나 노란 벌꿀을 먹어 보세요. 검은색 음식은 노화를 예방하고, 병을 막는 힘을 높여 줘요. 검정콩은 몸속의 독을 없애 주고, 검정깨는 뇌 기능을 높여 어린이에게 특히 좋답니다. 초록색 음식에 들어 있는 엽록소는 간과 쓸개를 건강하게 해요. 피곤할 때 시금치, 쑥, 양배추를 먹으면 몸이 생생해져요. 마지막으로 흰색 음식은 폐와 기관지를 건강하게 해요. 기침이 심할 때에는 도라지, 배, 무를 넣어 만든 음식을 먹으면 좋아요.

토마토   오미자
도라지   배
호박   꿀
시금치   쑥
검정콩   검정깨

3 이처럼 음식은 색에 따라 우리 몸에 미치는 효능이 달라요. 그러니 한 가지 색의 음식만 먹기보다는 다양한 색의 음식을 골고루 먹어야 몸 구석구석이 건강해질 거예요.

◆ **효능**: 일의 좋은 보람이나 어떤 작용의 결과를 나타내는 능력
◆ **예방해**: 질병이나 사고로 인한 피해가 일어나기 전에 미리 막아
◆ **노화**: 질병이나 사고에 의한 것이 아니라 시간이 흐름에 따라 몸의 구조와 기능이 전보다 못하게 되는 현상

01 이 글은 무엇의 색에 따른 효능에 대해 설명하고 있는지 ○ 표시를 하세요.

노 화 　 소 화 　 신 장 　 음 식

02 이 글에 대한 설명이 맞으면 ○, 틀리면 ✕ 표시를 하세요.

1 검정콩과 검정깨를 많이 먹으면 위가 튼튼해진다. [○ / ✕]

2 빨간색 음식은 피를 맑게 하여 심장에 생기는 병을 예방해 준다. [○ / ✕]

03 다음 상황을 살펴보고, 각각의 상태에 따라 도움이 되는 음식을 선으로 이으세요.

은하 — 콜록콜록. 기침이 점점 심해지네.

규빈 — 어제 저녁에 밥을 너무 많이 먹었더니 소화가 잘 안 되네.

채린 — 수영장에서 물놀이를 해서 너무 피곤해.

시금치 무침 　 호박죽 　 도라지 차

04 다음은 이 글의 중심 내용이에요. 빈칸에 알맞은 낱말을 넣어 문장을 완성해 보세요.

음식은 ⌐ㅅ⌐ 에 따라 효능이 다르므로, 다양한 색의 음식을 골고루 먹어야 ⌐ㅁ⌐ 이 건강해진다.

01 따라 쓰며 낱말의 뜻을 찾아 바르게 연결해 보세요.

1 독 •

2 노 화 •

3 소 화 •

4 예 방 •

5 효 능 •

• ㄱ 건강이나 생명에 해가 되는 성분

• ㄴ 일의 좋은 보람이나 어떤 작용의 결과를 나타내는 능력

• ㄷ 질병이나 사고로 인한 피해가 일어나기 전에 미리 막는 일

• ㄹ 섭취한 음식물을 분해하여 영양분을 흡수하기 쉬운 형태로 변화시키는 일

• ㅁ 질병이나 사고에 의한 것이 아니라 시간이 흐름에 따라 몸의 구조와 기능이 전보다 못하게 되는 현상

02 빈칸에 들어갈 알맞은 낱말을 보기에서 찾아 쓰세요.

보기
| 기침 | 노화 | 소화 | 예방 | 효능 |

1 벌꿀은 피로 회복에 [ ][ ]이 있다.

2 주름살이 생기는 것도 [ ][ ]의 증상이다.

3 전염병의 [ ][ ]을 위해 주위를 청결히 해야 한다.

03 다음 뜻에 해당하는 낱말을 찾아 가로, 세로, 대각선으로 표시해 보세요.

골	독	빨	간	색
고	기	관	지	깔
루	배	능	예	피
폐	건	강	방	음
도	라	지	배	식

❶ 두루두루 빼놓지 아니하고

⬚ ⬚ ⬚

❷ 몸과 마음이 아무 탈이 없고 튼튼함

⬚ ⬚

❸ 하는 구실이나 작용을 함. 또는 그런 것

⬚ ⬚

❹ 숨 쉬는 공기가 가슴 위쪽에서 갈라져서 양쪽의 허파로 통하는 부분

⬚ ⬚

비누는 어떻게 때를 뺄까

◆ 몸이나 옷의 때를 씻어 내는 데 쓰이는 게 무엇인지 해당하는 낱말에 색칠해요.
◆ 비누로 때를 빼는 과정을 설명하는 부분에 밑줄을 그어요.

1 안녕? 나는 비누야. 너희 몸과 옷의 때를 씻어 내는 데 쓰이지. 지금부터 내가 때를 어떻게 없애는지, 나만의 비법을 너희에게만 알려 줄게.

2 내 속을 아주 자세히 들여다보면 나는 무수히 많은 작은 입자들로 이루어져 있어. 이 입자 하나하나는 큰 머리에 길고 두꺼운 꼬리가 달린 모양을 하고 있지. 그중 둥근 머리 부분은 물과 친하고, 긴 꼬리 부분은 기름과 친해. 바로 이 특징을 이용해서 때를 빼는 거야. 어떻게 하냐고?

3 대부분의 때는 기름 성분이야. 그런데 물과 기름은 잘 섞이지 않지. 그래서 물로만 빨래를 하면 때가 물에 잘 녹지 않아. 하지만 나는 물과 기름 둘 다와 친해. 나로 빨래를 하면 비누 입자에서 물과 친한 머리 부분은 물 쪽으로 향하고, 기름과 친한 꼬리 부분은 때에 달라붙어. 그 후에 여러 비누 입자들이 때를 둘러싸서 잡아당기면 옷에서 때가 빠지지. 그렇게 비누 입자들과 때가 함께 물에 떠 있다가 씻겨 내려가는 거야. 어때? 내 비법, 잘 알겠니?

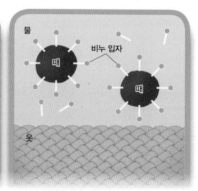

◆ **비법**: 공개하지 않고 비밀리에 하는 방법
◆ **무수히**: 헤아릴 수 없이
◆ **입자**: 물질을 이루는 매우 작은 알갱이

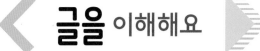
01 이 글의 중심 낱말로 알맞은 것을 찾아 ○ 표시를 하세요.

| 옷 | 기 름 | 비 누 | 빨 래 |

02 다음은 비누 입자의 모양을 나타낸 그림이에요. 괄호 안의 내용 중 알맞은 것에 ○ 표시를 하세요.

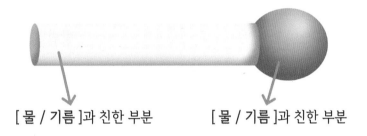

[물 / 기름]과 친한 부분   [물 / 기름]과 친한 부분

03 비누가 때를 빼고 있어요. 비누가 한 말 중 <u>틀린</u> 말을 골라 ✓ 표시를 하세요.

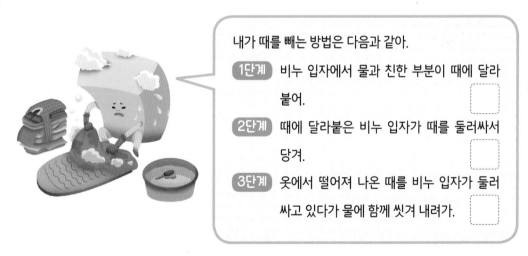

내가 때를 빼는 방법은 다음과 같아.

1단계 비누 입자에서 물과 친한 부분이 때에 달라 붙어.

2단계 때에 달라붙은 비누 입자가 때를 둘러싸서 당겨.

3단계 옷에서 떨어져 나온 때를 비누 입자가 둘러 싸고 있다가 물에 함께 씻겨 내려가.

04 다음은 이 글의 중심 내용이에요. 빈칸에 알맞은 낱말을 넣어 문장을 완성해 보세요.

비누 입자의 ㅁ ㄹ 부분은 물과 친하고, 꼬리 부분은 ㄱ ㄹ 과 친하다. 그래서 비누로 빨래를 하면 비누의 ㄲ ㄹ 부분이 기름 성분인 때에 달라붙어 때가 빠지게 된다.

01 따라 쓰며 낱말의 뜻을 찾아 바르게 연결해 보세요.

❶ 　•

❷ 　•

❸ 　•

❹ 　•

❺ 특 징　•

• ㉠ 때를 씻어 낼 때 쓰는 물건

• ㉡ 물질을 이루는 매우 작은 알갱이

• ㉢ 공개하지 않고 비밀리에 하는 방법

• ㉣ 다른 것에 비하여 특별히 눈에 뜨이는 점

• ㉤ 물보다 가볍고 불을 붙이면 잘 타는 액체. '석유'를 달리 이르는 말

02 빈칸에 들어갈 알맞은 낱말을 보기 에서 찾아 쓰세요.

보기

| 기름 | 비법 | 입자 | 대부분 | 무수히 |

❶ 밤하늘에 별들이 ☐☐☐ 많이 떠 있다.

❷ 형은 라면을 맛있게 끓이는 ☐☐ 이 따로 있다고 말했다.

❸ 막국수는 메밀 겉가루가 많이 들어가 ☐☐ 가 거칠고 시커멓다.

03 갈림길에 낱말의 뜻이 적혀 있어요. 해당하는 낱말을 골라 민재에게 문구점으로
가는 길을 안내해 주세요.

코딱지는 왜 생길까

◆ 먼지나 세균이 코 안쪽 벽의 점액과 함께 굳어진 게 무엇인지 색칠해요.
◆ 코딱지가 생기는 이유를 설명하는 부분에 밑줄을 그어요.

1 먼지가 많은 날, 자기도 모르게 콧속으로 손가락을 집어넣게 되지 않나요? 코딱지를 파기 위해서 말이죠. 우리가 더럽게 여기는 코딱지는 왜, 그리고 어떻게 생기는 걸까요?

2 코안에는 코털이 수북이 나 있어요. 그리고 코가 마르지 않도록 끈끈한 점액이 나오지요. 코털과 점액은 서로 힘을 합쳐서 공기 속에 있는 먼지 알갱이가 우리 몸에 들어오지 못하도록 먼지 알갱이를 걸러 주는 역할을 해요. 마치 공기 청정기의 필터와 비슷하죠? 그럼 코털과 점액이 어떻게 우리 몸을 먼지로부터 지켜 주는지 자세히 살펴봐요.

3 코털에는 끈적끈적한 점액이 묻어 있어요. 그래서 코 안으로 들어오는 먼지를 잡아 둘 수 있지요. 코털이 거르지 못한 아주 작은 먼지 알갱이나 세균은 코 안쪽 벽의 점액에 찰싹 붙어요. 이 점액은 점점 딱딱하게 굳는데, 그게 바로 코딱지랍니다.

4 그런데 이 코딱지를 너무 심하게 파면 코 건강에 좋지 않아요. 손가락으로 코를 파면 손에 묻은 세균이 콧속으로 들어갈 수 있고, 손톱이 코 안의 피부에 상처를 낼 수도 있거든요. 코딱지를 빼내고 싶다면 깨끗한 면봉에 식염수나 깨끗한 물을 충분히 적셔서 콧구멍의 입구 쪽을 살살 문질러 주세요. 그러면 딱딱했던 코딱지가 식염수에 불어나 부드러워지면서 코딱지를 쉽게 빼낼 수 있답니다.

뭐야! 코털에 걸렸잖아!

이런! 점액에 달라붙어 버렸어.

◆ **점액**: 끈끈한 성질이 있는 액체
◆ **필터**: 액체나 기체 속의 이물질을 걸러 내는 장치
◆ **식염수**: 혈액 등과 같은 몸속에 있는 액체와 같은 농도로 만든 소금물

01 이 글의 중심 낱말로 알맞은 것을 찾아 ○ 표시를 하세요.

| 먼 지 | 세 균 | 코 털 | 코 딱 지 |

02 다음 빈칸에 들어갈 알맞은 말을 쓰세요.

1 ㅋ ㅌ 과 ㅈ ㅇ 은 공기 속에 있는 먼지 알갱이가 우리 몸에 들어오지 못하도록 막는 역할을 한다.

2 ㅋ ㄸ ㅈ 는 먼지 알갱이나 세균이 코 안쪽 벽의 점액에 붙어 굳은 것이다.

03 다음 질문에 가장 알맞은 대답을 한 사람은 누구인지 찾아 ✓ 표시를 하세요.

> 코딱지가 생겨서 답답할 때에는 어떻게 해야 할까요?

☐ 지수: 코딱지가 붙은 코털을 뽑아내요.
☐ 용현: 코딱지가 잘 안 나오면 손가락을 깊숙이 넣어서 코딱지를 파내요.
☐ 다희: 깨끗한 면봉에 식염수를 적셔서 콧구멍 입구 쪽을 살살 문질러요.

04 다음은 이 글의 중심 내용이에요. 빈칸에 알맞은 낱말을 넣어 문장을 완성해 보세요.

> 코딱지는 ㅋ ㅌ 이 거르지 못한 먼지 알갱이나 ㅅ ㄱ 이 코 안쪽 벽의 ㅈ ㅇ 과 붙어 딱딱하게 굳어서 생긴 것이다.

어휘를 익혀요

01 따라 쓰며 낱말의 뜻을 찾아 바르게 연결해 보세요.

①  •

②  •

③ 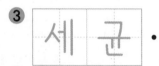 •

④  •

⑤ 점 액 •

• **ㄱ** 끈끈한 성질이 있는 액체

• **ㄴ** 들어갈 수 있도록 뚫거나 문을 낸 곳

• **ㄷ** 몸이 다쳐서 찢어지거나 벗겨지거나 한 자리

• **ㄹ** 몸이 단 하나의 세포로 이루어진 아주 작은 미생물

• **ㅁ** 공중에 떠다니거나 물체 위에 쌓이는, 가루처럼 작고 가벼운 물질

02 빈칸에 들어갈 알맞은 낱말을 **보기**에서 찾아 쓰세요.

보기

| 면봉 | 점액 | 필터 | 수북이 | 식염수 |

① 기관지에서 분비되는 □□을 가래라고 한다.

② 에어컨의 □□는 자주 청소해 주는 것이 좋다.

③ 눈이 마르고 따가울 때에는 □□□로 씻어 내는 것이 도움이 된다.

03 다음 뜻에 해당하는 낱말을 찾아 가로, 세로, 대각선으로 표시해 보세요.

찰	먼	세	균	털
딱	붇	지	싹	점
식	코	다	수	액
염	필	터	북	입
수	알	갱	이	구

❶ 작고 동그랗고 단단한 물질

❷ 물에 젖어서 부피가 커지다.

❸ 식물이나 털 등이 촘촘하고 길게 나 있는 상태로

❹ 몸이 단 하나의 세포로 이루어진 아주 작은 미생물

14

나뭇가지에서 동전이

◆ 옛날에 사용하던 동전의 이름에 색칠해요.
◆ 거푸집으로 동전을 만드는 과정에 밑줄을 그어요.

1 이 그림은 동전이 열리는 신기한 나무처럼 보이지요? 사실 이것은 사람이 거푸집으로 동전을 만들 때 생긴 것이에요. '거푸집'이란 만들려는 물건의 모양대로 속을 비워 놓고, 그 공간에 녹인 쇠붙이를 부어서 원하는 모양으로 굳히기 위한 틀을 말해요.

2 옛날에는 동전을 만들 때 나뭇가지 모양으로 거푸집을 만들어서 한 번에 많은 동전을 만들었어요. 아래 그림처럼 동전 모양으로 파진 부분들이 서로 이어지도록 거푸집에 홈을 파고, 그 홈에 쇳물을 부어요. 쇳물이 굳으면 거푸집에서 나뭇가지 모양의 금속 덩어리를 뺀 뒤, 붙어 있는 동전을 뜯어내지요. 뜯어낸 동전을 다듬으면 여러 개의 동전이 만들어진답니다.

3 이렇게 만든 동전을 '엽전(葉錢)'이라고 불렀어요. 엽전의 '엽(葉)'은 '잎'이라는 뜻을 가진 한자예요. 동전을 떼어 내기 전 금속 덩어리의 모습이 마치 나뭇가지에 달린 잎사귀 같다고 해서 붙은 이름이지요. 이 엽전의 모양은 바깥은 둥글고, 안에는 네모난 구멍이 뚫려 있어요. 옛날 사람들은 하늘이 둥글고 땅이 네모나다고 생각했기 때문에, 하늘과 땅의 모양을 본떠 엽전을 만든 것이랍니다.

◆ **부어서:** 액체나 가루 따위를 다른 곳에 담아서
◆ **홈:** 물체에 오목하고 길게 팬 줄
◆ **본떠:** 이미 있는 대상을 본으로 삼아 그대로 좇아 만들어

01 이 글의 중심 낱말로 알맞은 것을 찾아 ○ 표시를 하세요.

금 속   나 무   엽 전   쇠 붙 이

02 다음은 엽전을 만드는 과정이에요. 빈칸에 들어갈 알맞은 말을 쓰세요.

거푸집에 홈을 파고 그 홈에 **❶** ㅅ ㅁ 을 붓는다.

↓

쇳물이 굳으면 거푸집에서 나뭇가지 모양의 금속 덩어리를 뺀다.

↓

가지에 붙어 있는 **❷** ㄷ ㅈ 을 뜯어낸다.

03 옛날 동전을 엽전이라고 부른 이유는 무엇인가요? [✎   ]

① 동전을 만들 때 나뭇잎을 사용하기 때문에
② 동전을 만든 후 나뭇잎에 싸서 보관했기 때문에
③ 동전을 떼어 내기 전 모습이 꼭 나뭇가지에 잎이 붙어 있는 것 같기 때문에

04 다음은 이 글의 중심 내용이에요. 빈칸에 알맞은 낱말을 넣어 문장을 완성해 보세요.

옛날에는 나뭇가지 모양의 ㄱ ㅍ ㅈ 으로 동전을 만들었다. 동전을 떼어 내기

전 금속 덩어리의 모습이 나뭇가지에 달린 잎사귀 같아서 ㅇ ㅈ 이라고 불렀다.

어휘를 익혀요

01 따라 쓰며 낱말의 뜻을 찾아 바르게 연결해 보세요.

① 틀 •

② 홈 •

③ 쇳물 •

④ 엽전 •

⑤ 거푸집 •

• ㄱ 물체에 오목하고 길게 팬 줄

• ㄴ 높은 열에 녹아서 액체 상태로 된 쇠

• ㄷ 골이나 판처럼 물건을 만드는 데 본이 되는 물건

• ㄹ 만들려는 물건의 모양대로 속이 비어 있는 모형이나 틀

• ㅁ 예전에 사용하던 돈으로, 둥글고 납작하며 가운데에 네모진 구멍이 있음

02 빈칸에 들어갈 알맞은 낱말을 보기에서 찾아 쓰세요.

보기

틀   홈   거푸집   쇠붙이   잎사귀

① 바닥에 [ ]을 파 그쪽으로 물이 흐르도록 만들었다.

② 대장장이는 [ ][ ][ ]를 달구어 연장을 만들었다.

③ 금속을 가열하여 액체 상태로 녹여 [ ][ ][ ]에 부어 넣은 다음 굳히는 방법을 주물이라고 한다.

03 다음 어휘 카드에 적힌 낱말의 뜻을 생각하며 물음에 답하세요.

(1) 제시된 낱말과 비슷한 낱말을 골라 ◯ 표시를 하세요.

어휘	비슷한 말
1 파다	새기다 / 없애다
2 부르다	외우다 / 칭하다
3 원하다	바라다 / 원만하다

(2) 제시된 낱말과 반대되는 낱말을 골라 ◯ 표시를 하세요.

어휘	반대말
1 떼다	끊다 / 붙이다
2 굳히다	쏟다 / 녹이다
3 이어지다	끊어지다 / 연결되다

15 콜럼버스의 달걀

◆ 콜럼버스가 사람들과 한 내기에 사용한 물건에 색칠해요.
◆ 콜럼버스가 달걀을 세운 방법이 드러난 부분에 밑줄을 그어요.

① 옛날 이탈리아의 탐험가 콜럼버스가 아메리카 대륙을 발견하고 돌아오자, 마을 사람들은 그를 영웅처럼 환영하며 반겼어요. 그리고 콜럼버스의 신대륙 발견을 축하하기 위해 큰 잔치를 벌였지요. 잔치에 모인 이들은 너도나도 콜럼버스의 업적을 칭찬했지만, 그중 몇몇은 콜럼버스를 시샘하며 수군거렸어요.

"그깟 신대륙을 발견한 게 뭐가 대단하다고들 난리야."

"맞아, 그냥 서쪽으로만 배를 몰고 가면 되는데 그걸 누가 못해?"

② 그러자 콜럼버스가 자리에서 일어나 식탁 위에 놓인 달걀을 집어 들고 말했어요.

"자, 누가 이 달걀을 똑바로 세울 수 있겠소?"

사람들은 앞다투어 달걀을 세워 보려고 시도했지만, 달걀을 세운 사람은 아무도 없었어요. 그때 콜럼버스가 달걀 한쪽을 살짝 깨뜨려 식탁 위에 세웠어요. 콜럼버스가 달걀을 세운 모습을 보고 누군가 비웃으며 말했어요.

"그건 어린애라도 할 수 있겠소."

③ 그 말을 들은 콜럼버스는 이렇게 말했답니다.

"그렇소. 방법만 알면 누구나 쉽게 따라 할 수 있소. 하지만 여기 모인 누구도 이 방법을 생각해 내지 못하지 않았소? 새로운 땅을 찾아나서는 모험도 이와 마찬가지요. 누군가를 따라 하는 것은 쉬운 일이나 무슨 일이든 생각을 달리하여 처음 시작하는 것은 쉬운 일이 아니오."

콜럼버스를 비웃던 사람들은 아무 말도 하지 못했어요.

◆ **신대륙:** 넓은 의미로 남북아메리카 대륙 및 오스트레일리아 대륙을 이르는 말

◆ **시샘하며:** 자기보다 잘되거나 나은 사람을 미워하고 싫어하며

01 콜럼버스가 사람들과 무엇을 세우는 내기를 했는지 ○ 표시를 하세요.

배   달 걀   식 탁   신 대 륙

02 마을 사람들이 큰 잔치를 벌인 이유는 무엇인가요?   [✏️   ]

① 달걀 축제의 날이라서
② 콜럼버스가 많은 보물을 가져와서
③ 콜럼버스의 신대륙 발견을 축하하려고

03 다음 중 콜럼버스가 달걀을 세운 방법에 ✓ 표시를 하세요.

04 다음은 이 글의 중심 내용이에요. 빈칸에 알맞은 낱말을 넣어 문장을 완성해 보세요.

콜럼버스는 ┌ㄷ┐┌ㄱ┐ 세우기 내기를 통해 무슨 일이든 ┌ㅅ┐┌ㄱ┐을 달리하여 ┌ㅊ┐┌ㅇ┐ 시작하는 것은 어려운 일임을 일깨워 주고 있다.

73

01 따라 쓰며 낱말의 뜻을 찾아 바르게 연결해 보세요.

① 결 정 •

② 발 견 •

③ 시 샘 •

④ 영 웅 •

⑤ 비 웃 다 •

• ㉠ 자기보다 잘되거나 나은 사람을 미워하고 싶어함

• ㉡ 어떤 일에 대해 어떻게 하겠다는 태도나 방향을 정함

• ㉢ 어떤 사람이나 행동을 어처구니없다고 여겨 얕잡거나 업신여기다.

• ㉣ 아직 아무도 찾아내지 못하였거나 세상에 알려지지 않은 사실·현상 등을 처음 찾아냄

• ㉤ 지혜와 용기가 뛰어나 보통 사람으로서는 할 수 없는 위대한 일을 해내어 칭송을 받는 사람

02 빈칸에 들어갈 알맞은 낱말을 보기 에서 찾아 쓰세요.

보기

| 시샘 | 업적 | 우연 | 신대륙 | 탐험가 |

① 세종 대왕의 큰 ☐☐ 중 하나는 한글 창제이다.

② 나는 나보다 시험을 잘 본 친구에게 ☐☐을 느꼈다.

③ 콜럼버스가 발견한 ☐☐☐은 세계 역사에 큰 영향을 끼쳤다.

03 갈림길에 낱말의 뜻이 적혀 있어요. 해당하는 낱말을 골라 민재에게 채소 가게로 가는 길을 안내해 주세요.

안전

05 이럴 땐 어떡하죠

> 다쳤을 때 해야 할 일과
> 하지 말아야 할 일을
> 구별하며 읽어요.

 목구멍에 생선 가시가 걸려서 아파요. 어떻게 해요?

밥이나 음식물을 씹지 않고 꿀꺽 삼켜서 가시가 내려가게 한다는 사람이 있습니다. 하지만 이렇게 하면 오히려 가시가 더 깊이 박히거나, 가시가 목구멍에 상처를 낼 수도 있습니다. 그러므로 빨리 병원으로 가서 가시를 빼내는 것이 가장 좋습니다.

  뜨거운 냄비에 손을 뎄어요. 어떻게 해야 하나요?

덴 상처가 심하지 않을 때에는 흐르는 찬물로 10~15분 정도 열을 식히는 것이 좋습니다. 물집은 상처를 보호하므로 터뜨리지 않아야 합니다. 상처가 크거나 심하게 데었을 경우에는 물집이 터지지 않도록 조심하면서 병원에 갑니다.

  저는 코피가 자주 나요. 코피가 날 때 어떻게 해야 돼요?

코피가 날 때 피가 흘러내리지 않도록 머리를 뒤로 젖히는 사람들이 있습니다. 머리를 뒤로 젖히면 폐로 피가 흘러 들어가 폐에 병이 생길 수 있습니다. 코피가 날 때에는 앉은 자세에서 머리를 살짝 앞으로 숙이고, 10~15분 정도 콧등을 눌러 줍니다. 콧등에 얼음주머니를 대는 것도 좋습니다.

  수영을 했는데 귀에 물이 들어가서 소리가 안 들려요. 어떻게 해야 해요?

면봉으로 귀 안을 닦으면 상처가 날 수 있으니 면봉은 사용하지 않는 것이 좋습니다. 귀에 물이 들어갔을 때에는 따뜻한 수건을 깔고 물이 들어간 쪽 귀를 아래로 향하게 옆으로 누워서 자연스럽게 물이 빠지기를 기다립니다.

01 보기에 제시된 1 ~ 4 의 상황일 때 어떻게 해야 할까요? 각 상황에서 ㄱ과 ㄴ 중 알맞은 행동의 기호를 쓰세요.

보기

1 으, 귀에 물이 들어갔네.
　ㄱ 면봉으로 귀 안의 물을 닦아 낸다.
　ㄴ 물이 들어간 귀를 아래로 향하게 옆으로 눕는다.

2 으악, 코피가 난다.
　ㄱ 피가 흐르지 않게 머리를 뒤로 젖힌다.
　ㄴ 앉아서 머리를 앞으로 살짝 숙이고 콧등을 눌러 준다.

3 캑캑. 가시가 목에 걸렸어.
　ㄱ 병원으로 가서 가시를 뺀다.
　ㄴ 가시가 내려가도록 부드러운 음식을 삼킨다.

4 앗 뜨거워! 내 손!
　ㄱ 물집이 생기면 바로 바늘로 터뜨린다.
　ㄴ 흐르는 찬물로 상처의 열기를 식힌다.

1 ✐ _____　2 ✐ _____　3 ✐ _____　4 ✐ _____

02 다음 중 덴 상처가 크거나 심하게 데었을 때 알맞은 행동은 무엇인가요? ✐ _____

① 입으로 후후 분다.
② 미지근한 물로 닦는다.
③ 물집을 터뜨리지 말고 병원에 간다.

01 1 ㄴ 2 ㄴ 3 ㄱ 4 ㄴ 02 ③

06 천 원에 숨겨진 비밀

지폐란, 종이에 인쇄를 하여 만든 화폐, 즉 종이돈을 말해요. 지폐와 동전 같은 우리나라의 화폐는 '한국 조폐 공사'에서만 만들 수 있답니다. 그런데 몇몇 나쁜 사람들은 진짜처럼 보이게 만든 가짜 지폐인 '위조지폐'를 만들기도 해요. 그래서 한국 조폐 공사에서는 따라 만들 수 없도록 진짜 지폐만의 비밀을 숨겨 두었어요. 자, 그럼 천 원을 꺼내서 위조지폐인지 아닌지 확인하는 방법을 알아볼까요?

❶ **비추어 보세요!**

그림이 없는 부분을 빛에 비추면 숨겨져 있는 퇴계 이황의 모습이 보여요.

❷ **기울여 보세요!**

지폐 뒷면에 있는 숫자를 기울여서 보면 색상이 녹색에서 청색으로 변해요.

1000 → 1000

❸ **만져 보세요!**

앞면의 퇴계 이황 초상화, 뒷면의 냇가 그림, 앞뒷면에 쓰인 글자와 숫자를 만지면 오톨도톨한 감촉이 느껴져요.

한국은행
천 원

01

다음 빈칸에 들어갈 알맞은 말을 쓰세요.

1 | ㅇ | ㅈ | ㅈ | ㅍ | 는 진짜처럼 보이게 만든 가짜 지폐이다.

2 우리나라의 화폐는 | ㅎ | ㄱ | ㅈ | ㅍ | ㄱ | ㅅ | 에서만 만들 수 있다.

02

대화의 빈칸에 들어갈 알맞은 말은 무엇인가요? 🖊

천 원의 뒷면에 있는 숫자의 색이 녹색에서 청색으로 바뀐다는데, 난 녹색으로만 보여.

그럼 지폐를 [ ] 숫자가 녹색에서 청색으로 바뀔 거야.

1000

① 빛에 비추어 봐.
② 비스듬히 기울여 봐.
③ 눈 바로 앞에 대고 봐.

03

다음 지폐를 빛에 비출 때 동그라미 친 부분에 나타나는 인물이 누구인지 ✓ 표시를 하세요.

HK 3166182 C 한국은행
천 원
1000
한국은행 총재
1000
HK 3166182 C

| | 세종 대왕 | | 신사임당 |
| | 퇴계 이황 | | 율곡 이이 |

동양의 용, 서양의 드래곤

◆ 이 글에서 설명하고 있는 두 동물이 무엇인지 찾아 색칠해요.
◆ 용과 드래곤의 공통점을 설명하는 부분에 밑줄을 그어요.

1 드래곤(dragon)은 우리말로 용(龍)이라고 번역하지만, 사실 동양의 용과 서양의 드래곤은 비슷한 것 같으면서도 다릅니다. 용과 드래곤은 상상 속의 동물이고, 신비로운 힘을 지니고 있다는 공통점이 있지만, 사람들의 인식이나 생김새 등 차이점도 있습니다. 그럼 드래곤과 용에 대해 좀 더 자세히 알아볼까요?

2 동양의 용은 거의 신적인 존재입니다. 이무기의 모습으로 물속에서 천 년을 수행하다가 여의주를 품고 하늘로 올라가 용이 됩니다. 용은 물을 다루는 신령스러운 짐승이라서 비를 내려 주는 역할을 합니다. 또 바다를 다스려서 물고기와 파도를 마음대로 다룰 수도 있습니다. 예로부터 동양 사람들은 용이 나라와 민족, 사람들을 지켜 준다고 믿어서 용을 수호신으로 받들었습니다. 용의 머리는 말처럼 생겼고, 머리에 달린 뿔은 사슴의 뿔을 닮았습니다. 뱀처럼 긴 몸은 잉어의 비늘로 덮여 있고, 발톱은 매처럼 날카롭습니다.

3 서양의 드래곤은 동양의 용과 달리 사람들에게 공포의 대상입니다. 드래곤은 입에서 불을 뿜어 모든 것을 태워 버리거나 폭풍우를 몰고 올 수 있습니다. 또 사람들이 천국으로 가지 못하게 막기도 합니다. 그래서 서양 사람들은 드래곤을 사악한 괴물로 여깁니다. 드래곤은 몸 전체가 단단한 비늘로 덮여 있고, 발톱과 이빨이 날카롭습니다. 전체적인 모습은 도마뱀을 닮았는데, 몸과 발이 무척 큰데다가 꼬리는 깁니다. 박쥐 날개처럼 생긴 큰 날개가 있어서 하늘을 자유롭게 날아다닐 수도 있습니다.

◆ **이무기:** 전설상의 동물로 뿔이 없는 용. 저주로 용이 되지 못하고 물속에 산다는, 여러 해 묵은 큰 구렁이
◆ **수호신:** 국가, 민족, 개인 등을 지키고 보호하여 주는 신
◆ **사악한:** 간사하고 악한

01 이 글의 중심 낱말로 알맞은 것을 찾아 ○ 표시를 하세요(2개).

용   괴 물   드 래 곤   이 무 기

02 용과 드래곤의 공통점은 무엇인가요? 빈칸에 들어갈 알맞은 말을 쓰세요.

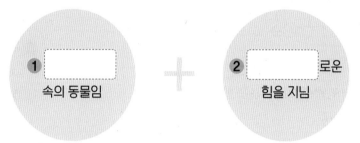

① [ ] 속의 동물임   **+**   **②** [ ]로운 힘을 지님

03 용과 드래곤에 대한 사람들의 인식과 용과 드래곤의 생김새는 어떻게 다른가요? 빈칸에 들어갈 알맞은 말을 쓰세요.

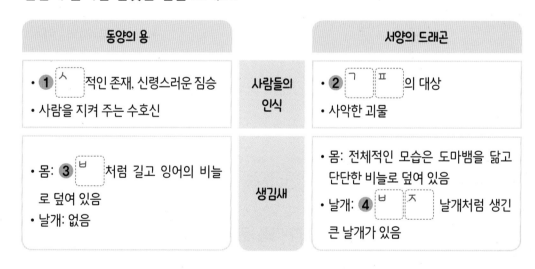

동양의 용	사람들의 인식	서양의 드래곤
• **①** ㅅ[ ]적인 존재, 신령스러운 짐승 • 사람을 지켜 주는 수호신		• **②** ㄱ ㅍ[ ]의 대상 • 사악한 괴물
• 몸: **③** ㅂ[ ]처럼 길고 잉어의 비늘로 덮여 있음 • 날개: 없음	생김새	• 몸: 전체적인 모습은 도마뱀을 닮고 단단한 비늘로 덮여 있음 • 날개: **④** ㅂ ㅈ[ ] 날개처럼 생긴 큰 날개가 있음

04 다음은 이 글의 중심 내용이에요. 빈칸에 알맞은 낱말을 넣어 문장을 완성해 보세요.

상상 속 동물인 용과 드래곤은 신비로운 힘을 지녔다는 공통점이 있지만, 동양에서는 용을 ㅅ ㅎ ㅅ[ ] 으로 여기는 반면에 서양에서는 드래곤을 사악한 ㄱ ㅁ[ ]로 여긴다.

01 따라 쓰며 낱말의 뜻을 찾아 바르게 연결해 보세요.

1 | 공 | 포 | •

2 | 동 | 양 | •

3 | 역 | 할 | •

4 | 수 | 호 | 신 | •

5 | 폭 | 풍 | 우 | •

• ㄱ 두렵고 무서운 마음이나 감정

• ㄴ 몹시 세찬 바람이 불면서 쏟아지는 큰비

• ㄷ 국가, 민족, 개인 등을 지키고 보호하여 주는 신

• ㄹ 자기가 마땅히 하여야 할 맡은 바 직책이나 임무

• ㅁ 유라시아 대륙의 동부 지역. 아시아의 동부 및 남부를 이름

02 보기에서 알맞은 낱말을 골라 다음 문장을 바르게 완성하세요.

보기
| 공포 | 비늘 | 수호신 | 폭풍우 | 사악(하다) |

1 ☐☐한 마음에 지지 않기로 굳게 다짐하였다.

2 전염병에 대한 ☐☐가 전 세계로 확산되고 있다.

3 마을 어귀에 세운 장승은 마을을 지키는 ☐☐☐ 역할을 한다.

03 다음 어휘 카드에 적힌 뜻을 읽고, 그 뜻에 알맞은 낱말을 골라 ✓표시를 하세요.

1 두렵고 무서운 마음이나 감정

- ☐ 공경
- ☐ 공포

2 공경하여 모시거나 소중히 대하다.

- ☐ 거들다
- ☐ 받들다

3 보기에 신기하고 영묘한 데가 있다.

- ☐ 감격스럽다
- ☐ 신령스럽다

4 국가, 민족, 개인 등을 지키고 보호하여 주는 신

- ☐ 불사신
- ☐ 수호신

5 유라시아 대륙의 동부 지역. 아시아의 동부 및 남부를 이름

- ☐ 동양
- ☐ 서양

나라마다 다른 국기

◆ 한 나라를 상징하는 깃발을 무엇이라고 하는지 해당하는 낱말에 색칠해요.
◆ 네팔, 멕시코, 호주 국기의 특징을 설명하는 부분에 밑줄을 그어요.

1 전 세계에는 약 200여 개의 나라가 있고 나라의 수만큼 국기도 다양해요. 국기란 한 나라를 상징하는 깃발로, 그 나라의 역사와 문화를 담고 있어요. 독특한 국기를 가진 나라와 국기 안에 담긴 의미를 알아보도록 해요.

2 네팔은 세계에서 유일하게 네모나지 않은 국기를 사용하고 있어요. 위아래 양쪽으로 두 개의 삼각형 모양을 포개어 놓은 형태랍니다. 네팔 국기의 위쪽에는 빛이 뻗어 나오는 초승달이, 아래쪽에는 빛이 뻗어 나오는 태양이 그려져 있어요. 변치 않는 달과 해처럼 오래오래 번영하는 나라가 되기를 바라는 마음이 담겨 있어요.

3 동물이 들어간 국기를 사용하는 나라도 있어요. 멕시코의 국기 가운데에는 뱀을 물고 있는 독수리가 그려져 있어요. 멕시코 전설에 따르면, 먼 옛날 신이 나타나 "뱀을 문 독수리가 바위에 뿌리를 내린 선인장 위에 앉아 있는 곳을 찾아가 도시를 세워라."라고 말했대요. 이후 멕시코의 작은 섬에서 신이 말한 것과 똑같은 장소를 발견하고 도시를 세웠는데, 그곳이 현재 멕시코의 수도인 '멕시코시티'라고 해요.

4 한편 국기 안에 국기가 있는 나라도 있어요. 호주 국기 안에는 영국 국기가 들어 있어요. 이는 옛날에 영국이 호주를 지배한 적이 있기 때문에 이를 국기에 나타낸 것이랍니다.

◆ **상징하는:** 실제로 눈에 보이지 않는 것을 구체적인 사물로 나타내는
◆ **번영하는:** 나라나 단체가 잘되어 부유하게 되거나 더욱 커지는
◆ **지배한:** 어떤 사람이나 집단, 조직, 사물 등을 자기의 의사대로 복종하게 하여 다스린

01 이 글의 중심 낱말로 알맞은 것을 찾아 ○ 표시를 하세요.

국 기   깃 발   수 도   전 설

02 다음은 국기에 대한 설명이에요. 맞으면 ○, 틀리면 ✕ 표시를 하세요.

1 국기란 한 나라를 상징하는 깃발이다. [○ / ✕]

2 네팔을 제외한 대부분 나라의 국기는 사각형이다. [○ / ✕]

3 전 세계에는 300개가 넘는 나라가 있고, 나라의 수만큼 국기도 다양하다. [○ / ✕]

03 국기와 국기 안에 그려져 있는 내용을 선으로 이으세요.

 ·

 ·

 ·

· 뱀과 독수리

· 초승달과 태양

· 다른 나라의 국기

04 다음은 이 글의 중심 내용이에요. 빈칸에 알맞은 낱말을 넣어 문장을 완성해 보세요.

국기는 한 나라를 상징하는 [ㄱ][ㅂ]로, 그 나라의 역사와 [ㅁ][ㅎ]를 담고 있다.

01 따라 쓰며 낱말의 뜻을 찾아 바르게 연결해 보세요.

① 깃 발 •

② 국 기 •

③ 수 도 •

④ 전 설 •

⑤ 지 배 •

• ㄱ 한 나라를 상징하는 깃발

• ㄴ 한 나라의 중앙 정부가 있는 도시

• ㄷ 오래전부터 전하여 내려오는 이야기

• ㄹ 깃대에 달린 천이나 종이로 된 부분

• ㅁ 어떤 사람이나 집단, 조직, 사물 등을 자기의 의사대로 복종하게 하여 다스림

02 보기에서 알맞은 낱말을 골라 다음 문장을 바르게 완성하세요.

┌─ 보기 ─────────────────────────────────────┐
독특(하다)　　번영(하다)　　상징(하다)　　유일(하다)　　지배(하다)
└───┘

① 영국은 호주를 [　][　]한 적이 있다.

② 태극기는 우리나라를 [　][　]하는 국기이다.

③ 네팔 국기의 문양에는 [　][　]하는 나라가 되기를 소망하는 마음이 담겨 있다.

03 다음 뜻에 해당하는 낱말을 빈칸에 써서 끝말잇기를 해 보세요. 잘 모르겠다면 초성 힌트를 참고해 보세요.

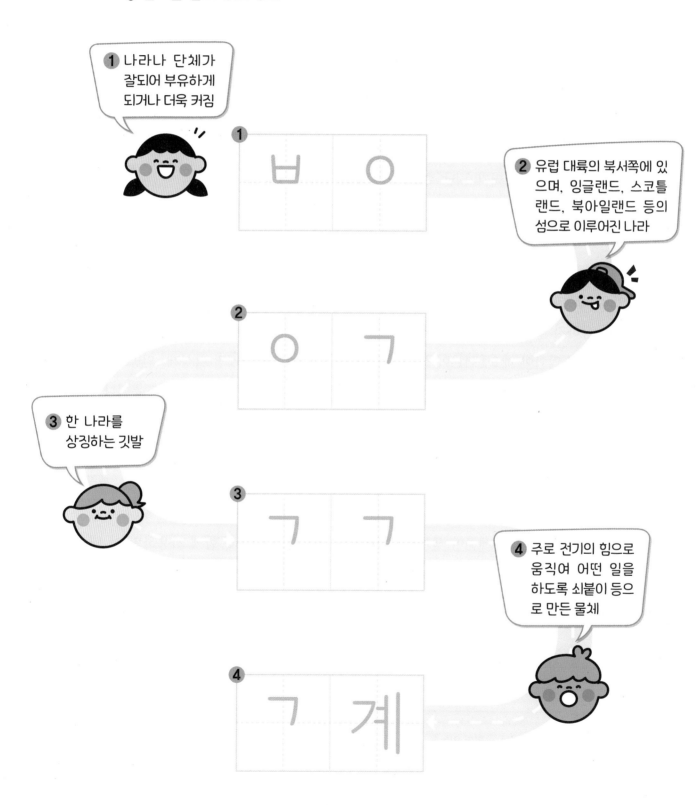

1 나라나 단체가 잘되어 부유하게 되거나 더욱 커짐

① ㅂ ㅇ

2 유럽 대륙의 북서쪽에 있으며, 잉글랜드, 스코틀랜드, 북아일랜드 등의 섬으로 이루어진 나라

② ㅇ ㄱ

3 한 나라를 상징하는 깃발

③ ㄱ ㄱ

4 주로 전기의 힘으로 움직여 어떤 일을 하도록 쇠붙이 등으로 만든 물체

④ ㄱ 계

조심해요, 화장품

◆ 이 글에서 조심해서 사용하라고 하는 것이 무엇인지 색칠해요.
◆ 어린이가 화장품을 조심해서 사용해야 하는 이유에 밑줄을 그어요.

① 혹시 엄마나 아빠의 화장품을 몰래 발라 본 적이 있나요? 이 질문에 가슴이 뜨끔한 친구도 있을 거예요. 어른들의 화장품을 어린이가 바르면 얼굴이 화끈거리거나 울긋불긋 두드러기가 날 수도 있어요. 어린이의 피부는 어른에 비해 얇고 연약해서 쉽게 상처를 입고 두드러기도 생길 수가 있거든요. 그래서 어린이는 화장품을 조심해서 사용해야 해요.

② 어린이의 피부는 화장을 하지 않아도 윤기가 나고 깨끗해서 진한 화장을 할 필요가 없어요. 그렇다면 어린이가 화장품을 올바르게 사용하는 방법은 무엇일까요? 우선 햇빛에 피부가 상하지 않도록 선크림을 꼼꼼히 발라야 해요. 또 립스틱이나 아이섀도 같은 색조 화장품은 쓰지 않아야 해요. 어른이 쓰는 화장품에는 파라벤, 합성 계면 활성제, 인공 색소, 합성 향료 등이 들어가 있는 경우가 많은데, 이런 성분들은 피부를 자극해서 여드름이나 피부병이 생기게 해요. 이 성분들이 어른에게는 괜찮아도 어린이는 피부가 연약해서 더 쉽게 병에 걸리게 할 수 있어요.

③ 마지막으로 '깨끗' 두 글자를 꼭 기억해야 해요. 화장품은 깨끗하게 사용하고, 깨끗하게 씻는 것이 중요해요. 화장품을 사용하기 전에는 꼭 손을 씻어야 하고, 다 쓴 뒤에는 뚜껑을 잘 닫아 두어야 세균이 생기지 않아요. 또 화장품을 친구와 함께 사용하면 안 돼요. 병균이 옮을 수 있기 때문이죠. 그리고 화장을 하였다면 꼼꼼히 씻어 내야 피부병에 걸리지 않고 깨끗한 피부를 만들 수 있어요.

◆ **뜨끔한:** 양심에 찔리는 느낌이 있는
◆ **연약해서:** 무르고 약해서
◆ **옮을:** 병 따위가 다른 이에게 전염되거나 다른 이에게서 전염될

01 이 글의 중심 낱말로 알맞은 것을 찾아 ○ 표시를 하세요.

| 선 | 크 | 림 |

| 피 | 부 | 병 |

| 화 | 장 | 품 |

02 어린이와 어른이 똑같은 화장품을 발랐는데 어린이만 두드러기가 났어요. 빈칸에 똑같이 들어갈 말은 무엇인지 쓰세요.

어린이의 [   ]는 어른의 [   ]보다 더 얇고 연약하기 때문이다.

03 다음은 어린이가 화장품을 사용하는 방법에 대한 설명이에요. 맞으면 ○, 틀리면 ✕ 표시를 하세요.

1 하나의 화장품을 친구와 함께 사용해도 괜찮다. [○ / ✕]

2 어른들이 사용하는 진한 색조 화장품은 사용하지 않는 것이 좋다. [○ / ✕]

3 햇빛에 피부가 상하지 않도록 하기 위해서는 선크림을 발라야 한다. [○ / ✕]

04 다음은 이 글의 중심 내용이에요. 빈칸에 알맞은 낱말을 넣어 문장을 완성해 보세요.

어린이의 피부는 얇고 | ㅇ | ㅇ | 하기 때문에 | ㅎ | ㅈ | ㅍ |을 조심해서 사용해야 한다.

01 따라 쓰며 낱말의 뜻을 찾아 바르게 연결해 보세요.

① 병 균 •

• ㄱ 반질반질하고 매끄러운 기운

② 색 조 •

• ㄴ 색깔이 주는 인상이나 분위기

③ 윤 기 •

• ㄷ 사람의 힘으로 어떤 사물을 만들어 내는 일

④ 인 공 •

• ㄹ 사람이나 동식물의 몸에 병을 일으키는 세균

⑤ 화 장 •

• ㅁ 화장품을 바르거나 문질러 얼굴을 곱게 꾸밈

02 보기 에서 알맞은 낱말을 골라 다음 문장을 바르게 완성하세요.

> 보기
>
> 얇(다)　　옮(다)　　깨끗(하다)　　뜨끔(하다)　　연약(하다)

① 목욕탕에서 피부병을 [　] 을 수도 있으니 조심해야 한다.

② 이 크림은 자극성이 적어서 [　][　] 한 피부에도 잘 맞는다.

③ 친구의 지적에 나는 그냥 웃고 말았지만 비밀을 들킨 것 같아 속으로 [　][　] 했다.

정답과 해설 41쪽

03 다음 어휘 카드에 적힌 낱말의 뜻을 생각하며 물음에 답하세요.

(1) 제시된 낱말과 비슷한 낱말을 골라 ○ 표시를 하세요.

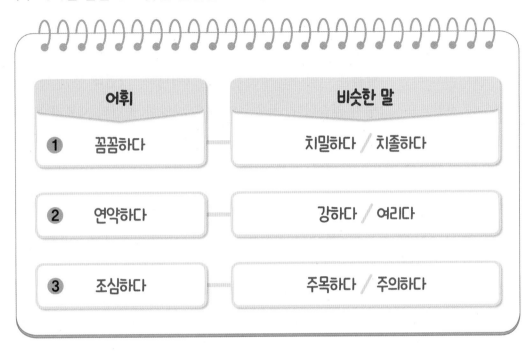

어휘	비슷한 말
❶ 꼼꼼하다	치밀하다 / 치졸하다
❷ 연약하다	강하다 / 여리다
❸ 조심하다	주목하다 / 주의하다

(2) 제시된 낱말과 반대되는 낱말을 골라 ○ 표시를 하세요.

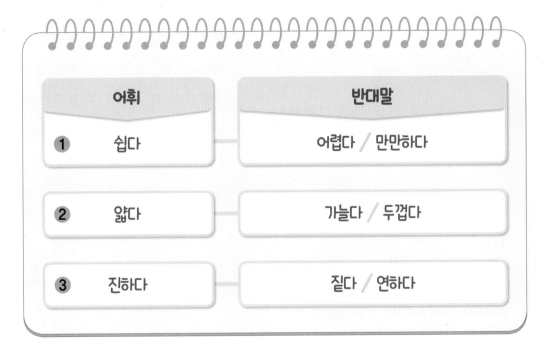

어휘	반대말
❶ 쉽다	어렵다 / 만만하다
❷ 얇다	가늘다 / 두껍다
❸ 진하다	짙다 / 연하다

19 똥, 어디까지 알고 있니

◆ 이 글에서 더럽기만 한 게 아니라 쓸모가 많다고 한 재료가 무엇인지 색칠해요.
◆ 동물들 똥의 다양한 쓰임새를 알 수 있는 부분에 밑줄을 그어요.

❶ '똥'이라고 하면 사람들은 더럽다고 얼굴부터 찡그립니다. 그런데 똥은 더럽기만 하고 쓸모없는 것일까요? 그렇지 않습니다. 동물들의 똥은 다양한 물건의 재료가 됩니다. 불을 땔 만한 재료가 없는 사막에서는 낙타의 똥을 말려 땔감으로 씁니다. 또한 아프리카의 마사이족은 소의 똥으로 집을 만듭니다. 소똥과 흙을 섞어 만든 벽은 아프리카의 뜨거운 열기를 막고 습도를 조절해 줍니다. 그리고 코끼리의 똥으로 종이를 만들 수도 있고, 코끼리 똥에서 나오는 가스를 모아서 전기를 만들기도 합니다. 심지어 바다에 사는 향유고래의 똥은 향수의 재료로 쓰입니다. 향유고래의 똥에는 향기가 오래 지속되게 만들어 주는 성분이 있어 가격이 무척 비쌉니다. 이처럼 알고 보면 똥은 참 쓸모가 많습니다.

❷ 똥에 관한 재미있는 사실들을 알면 똥이 더 친숙하게 느껴질 것입니다. 육지 동물 중 가장 큰 동물인 코끼리는 똥을 얼마나 눌까요? 코끼리는 날마다 250kg쯤 되는 엄청난 양의 풀을 먹는데, 그만큼 똥의 양도 어마어마해서 하루에 50kg, 많게는 100kg의 똥을 눕니다. 신기한 모양의 똥도 있습니다. 호주에 사는 웜뱃은 주사위 모양의 네모난 똥을 누고, 이 똥을 벽돌처럼 쌓아 올려 자신의 영역을 표시합니다. 또 알록달록한 똥을 누는 동물도 있습니다. 달팽이는 자기가 먹은 것과 같은 색깔의 똥을 누어서 당근을 먹으면 주황색 똥을 누고, 상추를 먹으면 초록색 똥을 눕니다. 똥, 알고 보면 똥의 주인이 누구인지에 따라 그 특징도 다르고 쓰임새도 참 많습니다. 더럽다고 무시하지 말고 똥에 대해서 잘 알아 두는 것은 어떨까요?

◆ **쓸모없는:** 쓸 만한 가치가 없는
◆ **습도:** 공기 가운데 수증기가 들어 있는 정도
◆ **친숙하게:** 친하여 익숙하고 허물이 없게

글을 이해해요

01 이 글의 중심 낱말로 알맞은 것을 찾아 ○ 표시를 하세요.

똥		낙	타		달	팽	이		코	끼	리

02 다음 제시된 동물들과 그 동물들이 눈 똥의 쓰임새를 선으로 이으세요.

집을 지어요.

땔감으로 써요.

향수를 만들어요.

03 코끼리 똥에 대한 반응으로 알맞지 <u>않은</u> 것은 무엇인가요? [✎]

① 코끼리 똥으로 종이와 전기를 만들 수 있구나.
② 주황색 당근을 먹은 코끼리의 똥은 주황색이겠구나.
③ 하루에 코끼리가 싸는 똥의 양은 50~100kg 정도 되겠어.

04 다음은 이 글의 중심 내용이에요. 빈칸에 알맞은 낱말을 넣어 문장을 완성해 보세요.

동물들의 똥은 특징도 다르고, 다양한 물건의 ㅈㄹ 가 되는 등 ㅆㅇ ㅅ 가 많다.

01 따라 쓰며 낱말의 뜻을 찾아 바르게 연결해 보세요.

①  ·

· **ㄱ** 겉으로 드러내 보임

②  ·

· **ㄴ** 불을 때는 데 쓰는 재료

③  ·

· **ㄷ** 물건을 만드는 데 바탕으로 사용하는 것

④  ·

· **ㄹ** 어떤 상태가 오래 계속됨. 또는 어떤 상태를 오래 계속함

⑤ 표 시 ·

· **ㅁ** 어느 한쪽으로 치우치지 아니하게 바로잡음. 또는 적당하게 맞추어 나감

02 보기에서 알맞은 낱말을 골라 다음 문장을 바르게 완성하세요.

보기

| 습도 | 영역 | 재료 | 무시(하다) | 친숙(하다) |

① 장마철에는 □□ 가 높아서 빨래가 잘 마르지 않는다.

② 형은 붙임성이 좋아서 처음 본 사람과도 □□ 하게 말을 잘한다.

③ 횡단보도에서 신호등을 □□ 하고 마음대로 길을 건너면 사고가 날 수 있다.

03 다음 어휘 카드에 적힌 뜻을 읽고, 그 뜻에 알맞은 낱말을 골라 ✓표시를 하세요.

❶ 뜨거운 기운

☐ 열기   ☐ 한기

❷ 쓸 만한 가치가 없다.

☐ 쓸모없다   ☐ 유익하다

❸ 물기를 다 날려서 없애다.

☐ 말리다   ☐ 축이다

❹ 어떤 상태가 오래 계속되다.

☐ 접속되다   ☐ 지속되다

❺ 물건을 만드는 데 바탕으로 사용하는 것

☐ 사료   ☐ 재료

20 거울 속에는

◆ 부인이 박 씨에게 사 오라고 한 것이 무엇인지 색칠해요.
◆ 거울을 본 박 씨 부인과 박 씨의 반응에 각각 밑줄을 그어요.

1 옛날 어느 마을에 박씨 성을 가진 장사꾼이 살았습니다. 박 씨는 장터에서 그릇을 팔았는데 늘 손님이 없었습니다. 보다 못한 박 씨의 부인은 한양에 가서 장사를 하라고 했습니다.

"한양에는 귀한 거울도 판다던데 오는 길에 거울 하나 사 와요."

라고 박 씨 부인은 남편에게 말했습니다.

2 박 씨는 한양에 가서 장사를 했는데, 이번에는 장사가 아주 잘 되었습니다. 집에 돌아가기 전에 부인의 부탁이 떠오른 박 씨는 거울을 하나 샀습니다. 박 씨는 집에 돌아와 부인에게 거울을 내밀었습니다.

3 난생처음 거울을 보게 된 부인은 웃으며 거울을 들여다보았습니다.

"에구머니, 이 여자는 도대체 누구예요?"

부인은 박 씨가 여자를 데려왔다며 난리를 피웠습니다. 박 씨는 놀라 거울을 뺏었습니다. 그런데 웬일이랍니까. 거울 속에는 생전 처음 보는 남자가 있었습니다.

"아니, 이 남자는 누구요?"

박 씨도 부인이 낯선 남자를 데려왔다며 노발대발 야단이 났습니다. 두 사람은 싸우다 해결이 되지 않자 사또를 찾아 갔습니다.

4 "거울을 달라. 내가 자세히 살펴보마."

사또가 말했습니다. 그런데 거울을 받아든 사또의 얼굴이 갑자기 어두워졌습니다.

'이럴 수가. 나 말고도 사또가 있다니. 우리 고을에 새로운 사또가 왔구나.'

사또는 이제 새로운 사또가 왔으니 자기는 고을을 떠나야 한다고 생각하여 박 씨 부부를 남겨 두고는 사라져 버렸습니다.

◆ **난리**: 작은 소동을 비유적으로 이르는 말
◆ **노발대발**: 몹시 노하여 펄펄 뛰며 성을 냄

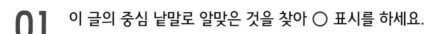
01 이 글의 중심 낱말로 알맞은 것을 찾아 ○ 표시를 하세요.

거	울
부	탁
장	사
한	양

02 거울을 본 부인과 박 씨는 각각 어떤 반응을 보였나요? 빈칸에 들어갈 알맞은 말을 쓰세요.

부인의 반응	박 씨의 반응
박 씨가 **1** [　　　] 를 데려왔다며 난리를 피움	부인이 낯선 **2** [　　　] 를 데려왔다며 노발대발 야단이 남

03 거울을 받아든 사또의 얼굴이 갑자기 어두워진 이유는 무엇인가요? 빈칸에 공통적으로 들어갈 알맞은 말을 쓰세요.

나 말고도 [　　　] 가 있다니.

우리 고을에 새로운 [　　　] 가 왔구나.

04 다음은 이 글의 중심 내용이에요. 빈칸에 알맞은 낱말을 넣어 문장을 완성해 보세요.

거울을 처음 본 박 씨 부부와 사또는 ㄱㅇ 에 비친 자신들의 모습을 ㄷㄹ 사람으로 오해하였다.

어휘를 익혀요

01 따라 쓰며 낱말의 뜻을 찾아 바르게 연결해 보세요.

①  · · ㄱ 옛날에 한 고을을 다스리던 관리

②  · · ㄴ 무엇을 잘할 수 있는 타고난 능력

③  · · ㄷ 일전에 경험한 적이 없음을 나타내는 말

④  · · ㄹ 매우 떠들썩하게 일을 벌이거나 부산하게 구는 것

⑤ 재 주 · · ㅁ 어떤 일을 해 달라고 청하거나 맡김. 또는 그 일거리

02 빈칸에 들어갈 알맞은 낱말을 보기에서 찾아 쓰세요.

> **보기**
> 난리   사또   장터   난생처음   노발대발

① 장이 섰는지 ☐☐에 사람들로 가득 찼다.

② 아이는 장난감을 사 달라고 울고불고 ☐☐를 부렸다.

③ 어머니는 내가 형과 싸운 일로 ☐☐☐☐성을 내셨다.

03 다음 뜻에 해당하는 낱말을 빈칸에 써서 끝말잇기를 해 보세요. 잘 모르겠다면 초성 힌트를 참고해 보세요.

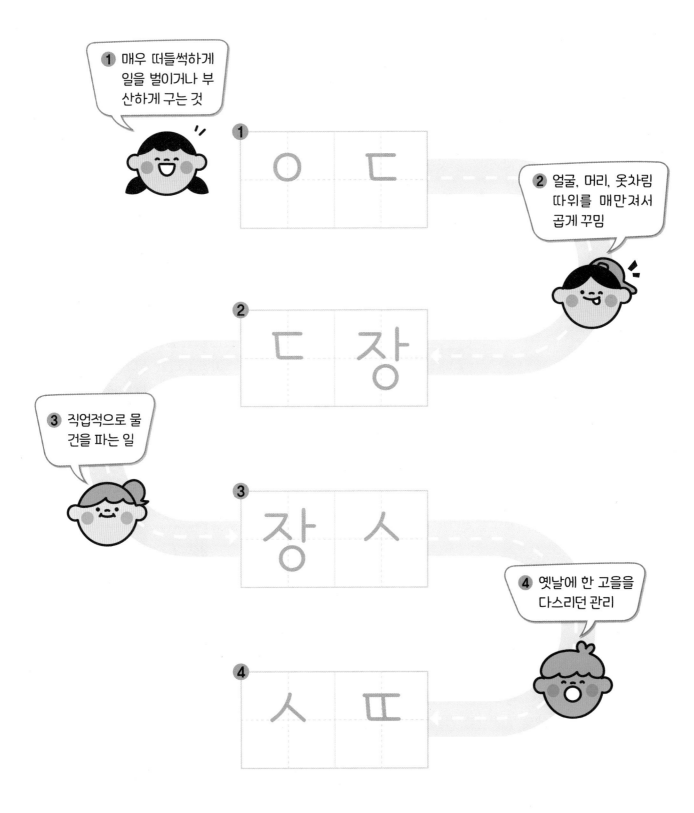

1 매우 떠들썩하게 일을 벌이거나 부산하게 구는 것

1 ㅇ ㄷ

2 얼굴, 머리, 옷차림 따위를 매만져서 곱게 꾸밈

2 ㄷ 장

3 직업적으로 물건을 파는 일

3 장 ㅅ

4 옛날에 한 고을을 다스리던 관리

4 ㅅ ㄸ

7 안전하게 탈출해요

땅이 흔들리거나 갈라지는 지진이 발생하면 어떻게 해야 할까요? 그리고 집이나 학교에 갑자기 불이 났다면 어떻게 해야 할까요? 지진과 화재처럼 위험한 상황이 생겨났을 때 어떻게 해야 안전하게 탈출할 수 있는지 함께 알아보아요.

> 지진이나 화재가
> 일어났을 때
> 어떻게 해야 안전한지
> 파악하며 읽어요.

건물이 흔들흔들, 지진

지진이 일어나면 위에서 떨어지는 물건 때문에 다치기도 해요. 쿠션, 방석, 가방 등으로 머리를 보호하고 탁자 아래로 몸을 피해요.

건물이 뒤틀리면 문이 열리지 않을 수 있으니 문과 창문을 열어 둬요.

지진으로 불이 날 수 있으니 집에서 쓰는 가스, 전기 등을 모두 잠가요.

유리가 깨져 다칠 수 있으니 유리창에서 멀리 떨어지세요.

공터, 학교 운동장, 공원 등 넓은 장소로 대피해요. 지진으로 건물이 무너질 수 있으니 주변에 담이나 건물이 없는 곳이 안전해요.

앗, 뜨거워! 불이야~

불이 나면 전기가 끊길 수 있어요. 빨리 내려가려고 엘리베이터를 타는 것은 정말 위험해요. 만약 엘리베이터를 타고 있다면 얼른 내리고 계단을 이용해서 대피해요.

불이 나면 열기뿐만 아니라 연기도 몸에 해로워요. 연기는 위쪽에서 아래쪽으로 내려오니 최대한 몸을 낮추어서 연기를 피해야 해요.

젖은 수건이나 옷으로 입과 코를 막아 연기를 직접 들이마시지 않도록 해요. 연기를 마시면 숨을 쉬기 어려워져요.

문을 열어야 할 때에는 손잡이를 살짝 만져 봐요. 손잡이가 뜨거우면 그 문을 열지 말고 다른 길을 찾아 봐야 해요.

01 다음 중 지진이 났을 때 대피하기 좋은 장소는 어디인가요? ✎

① 공원   ② 높은 건물 옆   ③ 엘리베이터 안

02 다음 그림은 건물에 불이 났을 때 대피하는 모습이에요. 둘 중 알맞은 것에 ✓ 표시를 하세요.

❶ ⬜ ⬜

엘리베이터 타고 이동하기 ／ 계단으로 이동하기

❷ ⬜ ⬜

입과 코를 막고 몸을 낮춰 이동하기 ／ 입과 코를 막고 몸을 똑바로 세워 이동하기

03 다음 그림은 지진이 났을 때 대피하는 모습이에요. 잘못된 행동을 한 사람의 이름을 쓰세요. ✎

가스 밸브 잠그기
은재
창문 열기
정아
주한
가방으로 머리 가리기
담 옆으로 피하기
한솔

생활

8 출발! 소화 탐사대

우리가 먹은 음식물을 잘게 쪼개서 영양분을 흡수하기 쉬운 형태로 분해하는 과정을 '소화'라고 해요. 그렇다면 우리 몸에서 어떻게 소화가 이루어지는지 살펴볼까요?

> 음식물이 우리 몸속에서 어떤 과정을 거쳐 소화가 되는지 파악하며 읽어요.

출발!

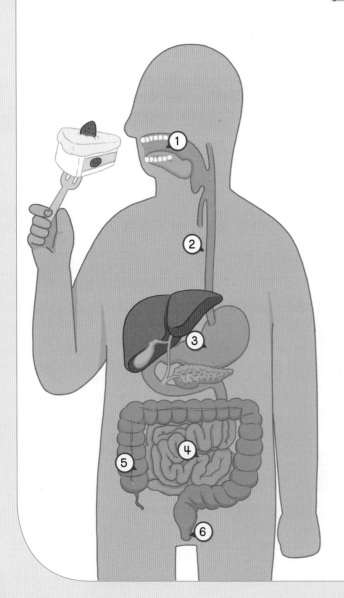

① 입으로 들어왔어!
입으로 음식물이 들어오면 이는 음식물을 잘게 부숴요. 혀는 부서진 음식물을 쉽게 삼킬 수 있도록 침과 섞어 물러지게 해요.

② 식도로 이동하고 있어.
식도는 입에서 삼킨 음식물을 다음 소화 기관인 위로 이동시켜요. 근육을 조였다 풀었다 하면서 음식물을 아래쪽으로 내려 보낸답니다.

③ 위로 들어왔어.
위는 힘이 센 근육으로 이루어져 있어요. 위에서는 소화를 돕는 액체가 나와 음식물과 섞이고 음식물을 더 잘게 쪼갭니다.

④ 작은창자로 들어왔어.
배안에 꼬불꼬불 가득 찬 작은창자에서는 음식물을 본격적으로 분해해요. 위에서 보낸 음식물의 영양소를 흡수하고, 남은 찌꺼기는 큰창자로 보내요.

⑤ 큰창자로 들어왔어.
큰창자에서는 작은창자에서 보낸 음식물 찌꺼기의 수분을 흡수해요. 수분이 빠진 음식물 찌꺼기는 모여서 변의 상태가 돼요.

⑥ 항문에 도착했어.
항문은 큰창자에서 모인 변을 몸 밖으로 내보내는 소화 기관의 마지막 부분이에요. 이곳에는 미세한 근육들이 있어서 평소에는 오므려져 있다가 배변 시에만 열려 배변을 조절해요.

01 빈칸에 들어갈 알맞은 말을 쓰세요.

> 우리가 먹은 음식물을 잘게 쪼개서 영양분을 흡수하기 쉬운 형태로 분해하는 과정을
>
> [ㅅ] [ㅎ] 라고 한다.

02 이 글에 대한 설명으로 알맞지 <u>않은</u> 것은 무엇인가요? ✏️

① 똥은 음식물을 소화하고 난 찌꺼기다.
② 작은창자는 위에서 보낸 음식물의 영양소를 흡수한다.
③ 식도에서는 소화를 돕는 액체가 나와 음식물과 섞인다.

03 다음은 음식물의 소화 과정이에요. 알맞은 소화 기관의 이름을 차례대로 쓰세요.

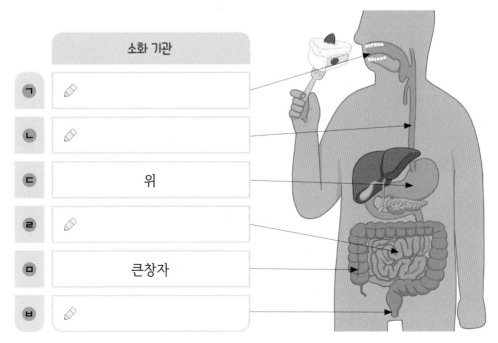

소화 기관	
ㄱ	✏️
ㄴ	✏️
ㄷ	위
ㄹ	✏️
ㅁ	큰창자
ㅂ	✏️

실력 확인

▲ 글의 문단별 내용을 정리하고 주제를 써 보아요.

01 봄꽃을 찾아라

본문 8쪽

- **1 문단** ☐☐에 대한 소개
- **2 문단** 봄꽃의 종류 ①: ☐☐의 특징
- **3 문단** 봄꽃의 종류 ②: ☐☐☐☐의 특징
- **4 문단** 봄꽃의 종류 ③: ☐☐☐의 특징

✎ **주제** 우리나라에서 피는 ☐☐

02 동물들의 특징이 궁금해

본문 12쪽

- **1 문단** ☐☐☐☐☐☐☐☐의 특징
- **2 문단** ☐☐의 특징

✎ **주제** 바실리스크 도마뱀과 백곰의 ☐☐

03 상황에 맞는 말

본문 16쪽

- **1 문단** 준영이 아버지에게 ☐☐을 한 도하
- **2 문단** 도하에게 ☐☐☐에 대해 설명해 주시는 준영이 아버지
- **3 문단** 한국말을 어려워하는 도하를 다독이는 준영

✎ **주제** 상대에 따라 달라지는 우리말의 ☐☐☐

4 세종 대왕님 편찮으세요?

본문 20쪽

①문단 ☐☐☐☐에 대한 소개

②문단 세종 대왕이 앓은 병의 증상

③문단 세종 대왕이 병을 앓은 ☐☐

⨂주제 ☐☐☐☐이 앓은 병과 그 이유

5 철새의 이동

본문 24쪽

①문단 ☐☐의 종류

②문단 철새가 ☐☐하는 까닭

③문단 철새의 다양한 이동 형태

⨂주제 우리나라의 ☐☐와 철새의 ☐☐

6 태양을 사랑한 금잔화

본문 32쪽

①문단 금잔화에 담긴 이야기 ①: ☐☐의 신을 사랑한 청년

②문단 금잔화에 담긴 이야기 ②: 죽어서 ☐☐☐가 된 청년

③문단 금잔화의 모습 및 금잔화의 ☐☐에 담긴 의미

⨂주제 태양의 신을 사랑한 청년이 죽어 ☐☐☐가 된 이야기

실력 확인

본문 36쪽

07 산호는 식물일까

- **1문단** [ ][ ]의 정체에 대한 궁금증
- **2문단** 산호의 정체
- **3문단** 산호의 사냥 방법 및 산호가 [ ][ ]인 이유

✏️ **주제** 산호가 [ ][ ]인 이유

본문 40쪽

08 왜 나라마다 시간이 다를까

- **1문단** [ ][ ]의 빛을 받는 곳에 따라 낮과 밤이 되는 지구
- **2문단** [ ][ ][ ]의 기준이 되는 그리니치 천문대의 시간

✏️ **주제** 나라마다 [ ][ ]이 다른 이유와 [ ][ ][ ]의 기준

본문 44쪽

09 향수의 향기가 바뀌어요

- **1문단** 향수의 [ ]이 달라지는 이유
- **2문단** [ ][ ]의 의미와 [ ][ ]의 세 가지 성분
- **3문단** 각 노트의 특징 및 각 노트에서 주로 사용하는 향
- **4문단** 향수의 향기를 만드는 [ ][ ][ ]의 역할

✏️ **주제** [ ][ ]의 향이 달라지는 이유

본문
바로가기

10 서울의 상징 해치

본문 48쪽

1문단 우리나라에서 ☐☐의 상징적 의미 ①

2문단 우리나라에서 ☐☐의 상징적 의미 ②

3문단 ☐☐☐의 상징인 해치

✅**주제** 우리나라의 전설 속 동물인 ☐☐의 상징적 의미

11 어떤 색의 음식이 필요해?

본문 56쪽

1문단 크게 다섯 가지 ☐으로 나뉘는 음식

2문단 다섯 가지 색의 음식별 ☐☐

3문단 다양한 색의 음식을 골고루 먹어야 하는 이유

✅**주제** 음식의 ☐에 따른 효능

12 비누는 어떻게 때를 뺄까

본문 60쪽

1문단 몸과 옷의 ☐를 씻어 내는 비누

2문단 비누 ☐☐의 모양과 특징

3문단 비누로 때를 빼는 ☐☐

✅**주제** ☐☐로 때를 빼는 방법

실력 확인

13 코딱지는 왜 생길까

본문 64쪽

1문단 ☐☐☐가 생기는 것에 대한 의문 제기

2문단 코털과 ☐☐의 역할

3문단 코딱지가 생기는 이유

4문단 코딱지를 올바르게 ☐☐하는 방법

주제 ☐☐☐가 생기는 이유와 올바르게 ☐☐하는 방법

14 나뭇가지에서 동전이

본문 68쪽

1문단 ☐☐☐의 의미

2문단 ☐☐을 만드는 과정

3문단 엽전 이름과 모양의 ☐☐

주제 ☐☐☐으로 ☐☐을 만드는 과정 및 엽전 이름의 유래

15 콜럼버스의 달걀

본문 72쪽

1문단 ☐☐☐을 발견하고 돌아온 콜럼버스

2문단 사람들과 ☐☐ 세우기 내기를 한 콜럼버스

3문단 남들이 ☐☐하지 못한 방법으로 달걀을 세운 콜럼버스

주제 상식을 뛰어넘은 새로운 생각의 의미를 깨닫게 한 ☐☐☐☐의 달걀

16 동양의 용, 서양의 드래곤

본문 80쪽

1문단 비슷한 듯 다른 용과 ☐☐☐

2문단 동양의 용에 대한 인식과 용의 ☐☐☐

3문단 ☐☐의 드래곤에 대한 인식과 드래곤의 생김새

✎**주제** 용과 드래곤의 공통점과 ☐☐☐

17 나라마다 다른 국기

본문 84쪽

1문단 ☐☐의 의미

2문단 ☐☐ 국기의 특징과 국기에 담긴 의미

3문단 ☐☐☐ 국기의 특징과 국기에 담긴 의미

4문단 ☐☐ 국기의 특징과 국기에 담긴 의미

✎**주제** 각 나라 ☐☐의 특징과 ☐☐에 담긴 의미

18 조심해요, 화장품

본문 88쪽

1문단 어린이가 ☐☐☐을 조심해서 사용해야 하는 이유

2문단 어린이가 화장품을 올바르게 사용하는 방법 ①, ②

3문단 어린이가 화장품을 올바르게 사용하는 방법 ③

✎**주제** ☐☐☐가 화장품을 올바르게 사용해야 하는 이유와 그 방법

실력 확인

본문
바로가기

19 똥, 어디까지 알고 있니

본문 92쪽

1문단 동물들 똥의 다양한 ☐☐☐

2문단 동물들의 똥에 관한 재미있는 사실들

주제 동물들 ☐의 다양한 쓰임새와 특이한 똥을 누는 동물들

20 거울 속에는

본문 96쪽

1문단 한양으로 장사하러 가는 박 씨에게 ☐☐을 사 달라고 부탁하는 부인

2문단 한양에서 거울을 사 온 박 씨

3문단 거울에 비친 자신들의 모습을 보고 싸우다 ☐☐를 찾아간 박 씨와 박 씨 부인

4문단 거울 속 자신을 보고 새로운 사또가 왔다고 생각하여 떠난 사또

주제 ☐☐을 처음 본 박 씨 부부와 사또의 이야기

memo

memo

완자
공부력
정답과 해설

독해

×

초등 국어

2B

1-2학년

ABOVE IMAGINATION

우리는 남다른 상상과 혁신으로
교육 문화의 새로운 전형을 만들어
모든 이의 행복한 경험과 성장에 기여한다

ⓦ 완자

공부력

초등 국어
독해 2B

· · · ·

정답과 해설

ⓦ 완자

완자 공부력 가이드

완자 공부력 시리즈는
앞으로도 계속 출간될 예정입니다.

국어 맞춤법 바로 쓰기
1~2학년용
4책

쓰기력

전과목 어휘
1~6학년용
12책

전과목 한자 어휘
1~6학년용
12책

영어 파닉스
1~2학년용
2책

영어 영단어
3~6학년용
8책

어휘력

국어 독해
1~6학년용
12책

한국사 독해 인물편
3~6학년용
4책

한국사 독해 시대편
3~6학년용
4책

독해력

수학 계산
1~6학년용
12책

계산력

완자 공부력 시리즈로 공부 근육을 키워요!

매일 성장하는
초등 자기개발서

ⓦ 완자

공부력

학습의 기초가 되는 읽기, 쓰기, 셈하기와 관련된
공부력을 키워야 여러 교과를 터득하기 쉬워집니다.
또한 어휘력과 독해력, 쓰기력, 계산력을 바탕으로 한
'공부력'은 자기주도 학습으로 상당한 단계까지 올라갈 수
있는 밑바탕이 되어 줍니다. 그래서 매일 꾸준한 학습이
가능한 '**완자 공부력 시리즈**'로 공부하면 자기주도 학습이
가능한 튼튼한 공부 근육을 키울 수 있을 것이라 확신합니다.

효과적인 공부력 강화 계획을 세워요!

◎ 학년별 공부 계획

내 학년에 맞게 꾸준하게 공부 계획을 세워요!

		1-2학년	3-4학년	5-6학년
기본	독해	국어 독해 1A 1B 2A 2B	국어 독해 3A 3B 4A 4B	국어 독해 5A 5B 6A 6B
	계산	수학 계산 1A 1B 2A 2B	수학 계산 3A 3B 4A 4B	수학 계산 5A 5B 6A 6B
	어휘	전과목 어휘 1A 1B 2A 2B	전과목 어휘 3A 3B 4A 4B	전과목 어휘 5A 5B 6A 6B
		파닉스 1 2	영단어 3A 3B 4A 4B	영단어 5A 5B 6A 6B
확장	어휘	전과목 한자 어휘 1A 1B 2A 2B	전과목 한자 어휘 3A 3B 4A 4B	전과목 한자 어휘 5A 5B 6A 6B
	쓰기	맞춤법 바로 쓰기 1A 1B 2A 2B		
	독해		한국사 독해 인물편 1 2 3 4	
			한국사 독해 시대편 1 2 3 4	

○ 시기별 공부 계획

학기 중에는 **기본**, 방학 중에는 **기본 + 확장**으로 공부 계획을 세워요!

방학 중			
학기 중			
기본			확장
독해	계산	어휘	어휘, 쓰기, 독해
국어 독해	수학 계산	전과목 어휘	전과목 한자 어휘
		파닉스(1~2학년) 영단어(3~6학년)	맞춤법 바로 쓰기(1~2학년) 한국사 독해(3~6학년)

예시 초1 학기 중 공부 계획표 주 5일 하루 3과목 (45분)

월	화	수	목	금
국어 독해	국어 독해	국어 독해	국어 독해	국어 독해
수학 계산	수학 계산	수학 계산	수학 계산	수학 계산
전과목 어휘	파닉스	전과목 어휘	전과목 어휘	파닉스

예시 초4 방학 중 공부 계획표 주 5일 하루 4과목 (60분)

월	화	수	목	금
국어 독해	국어 독해	국어 독해	국어 독해	국어 독해
수학 계산	수학 계산	수학 계산	수학 계산	수학 계산
전과목 어휘	영단어	전과목 어휘	전과목 어휘	영단어
한국사 독해 인물편	전과목 한자 어휘	한국사 독해 인물편	전과목 한자 어휘	한국사 독해 인물편

01 봄꽃을 찾아라

> **코칭Tip** 이 글은 우리나라 봄꽃의 종류에 대해 설명하는 글입니다. 봄꽃의 종류에는 어떤 것들이 있는지, 그리고 각 봄꽃들의 특징은 무엇인지 등을 파악하며 글을 읽을 수 있도록 합니다.

◆ 꿀벌 기자가 무엇에 대해 설명하고 있는지 해당하는 낱말에 색칠해요.
◆ 민들레꽃과 유채꽃의 공통점을 설명하는 부분에 각각 밑줄을 그어요.

1 안녕하세요. 꿀벌 기자입니다. 저는 지금 봄꽃을 찾아 나와 있는데요, 우리나라에는
　　　　　　　　　　　　　　　　　　　　　　　중심 소재
어떤 봄꽃이 피는지 한번 알아보겠습니다.
　　　　　　　　　　　　　　　　　　　　　　▶ 봄꽃에 대한 소개

2 벚꽃을 외국 꽃으로 알고 계신가요? 사실 벚꽃이 피는 벚나무는 아주 옛날부터 우리나라에 있었
　　봄꽃의 종류 ①
답니다. 우리 조상들이 벚나무로 활을 만들고, 나무판을 만들어 책을 찍었다는 기록이 남아 있는 것
　　　　　　　　　　　　　　　우리 조상들의 벚나무 사용 방법
을 보면 알 수 있지요. 4월쯤 벚나무에는 마치 눈이 온 것처럼 흰빛이나 연분홍빛 벚꽃이 한가득 핍
니다. 벚꽃이 지고 나면 그 자리에 열매가 열리는데 이 열매가 바로 버찌입니다.　▶ 봄꽃의 종류 ①: 벚꽃의 특징

3 봄에 잔디밭이나 화단에서는 노랗고 귀여운 꽃이 우리를 맞아 줍니
　　　　　　　　　　민들레꽃과 유채꽃의 공통점 ①: 노란색 꽃임
다. 바로 민들레꽃입니다. 민들레는 어디에서나 잘 자라는 우리나라의
　　　봄꽃의 종류 ②　　　　　　　　　　　　　민들레꽃과 유채꽃의 공통점 ②
봄꽃입니다. 민들레는 꽃이 지고 나면 솜털처럼 보송보송한 씨앗이 생
깁니다. 훅 불면 이 씨앗이 날아가는데요, 낙하산 모양의 솜털 덕분에
　　　　　　　　　　　　　　　　　　민들레 씨앗이 멀리 퍼질 수 있는 이유
민들레 씨앗은 바람을 타고 멀리 퍼질 수 있습니다.
　　　　　　　　　　　　　　　　　▶ 봄꽃의 종류 ②: 민들레꽃의 특징

4 들판 가득 핀 유채꽃이 바람에 넘실거리는 모습은 마치 노란 파도
　　　　　　　봄꽃의 종류 ③　　　민들레꽃과 유채꽃의 공통점 ①: 노란색 꽃임
를 보는 것 같습니다. 유채는 쓰임새가 많은 우리나라의 봄꽃입니다. 우선 씨앗에서 기름을 짤 수 있
　　　　　　민들레꽃과 유채꽃의 공통점 ②　　　　　　　　　　　　　유채의 쓰임새 ①
습니다. 볶음이나 튀김을 할 때 쓰는 '카놀라유'가 바로 유채 씨앗 기름입니다. 유채의 잎은 쌈이나 무
　　　　　　　　　　　　　　　　　　　　　　　　　　　　　　　유채의 쓰임새 ②
침으로 먹을 수 있습니다. 아름답고 쓰임새가 많은 유채의 꽃도 봄에 볼 수 있는 꽃입니다.
　　　　　　　　　　　　　　　　　　　　　　　　　▶ 봄꽃의 종류 ③: 유채꽃의 특징

글을 이해해요

✓ 자기 평가

본문 9쪽

01 (중심 낱말 찾기)

들 판 　 (봄 꽃) 　 씨 앗 　 열 매

○ ✕

02 (내용 이해)
①

○ ✕

03 (내용 이해)

| 꽃의 색이 노랗다. | ✓ | 봄에 꽃이 핀다. | ✓ |

우리나라에서 자란다. ✓

| 씨앗으로 기름을 짠다. | ☐ | 씨앗에 솜털이 달려 있다. | ☐ |

○ ✕

04 (중심 내용 쓰기)

우 리 나 라 에 피는 봄 꽃 중에는 벗 꽃, 민들레꽃, 유 채 꽃 등이 있다.

○ ✕

02 2문단을 보면 벚꽃은 4월쯤에 핀다고 했어요.

오답풀이

② 2문단을 보면 벚꽃이 지고 나면 그 자리에 열매가 열리는데, 이 열매를 버찌라고 한다고 설명하고 있어요.

③ 2문단을 보면 우리 조상들은 벚나무로 활을 만들고, 나무판을 만들어 책을 찍었다고 하였어요.

03 3문단과 4문단에서는 민들레와 유채의 특징에 대해 설명하고 있어요. 민들레와 유채는 모두 우리나라에서 자라며, 꽃의 색깔은 노란색이에요. 반면 씨앗에 솜털이 달려 있는 것은 민들레의 특징이고, 씨앗으로 기름을 짤 수 있는 것은 유채의 특징이에요.

04 이 글은 우리나라에서 봄에 피는 봄꽃의 종류와 그 특징에 대해 설명하고 있어요. 우리나라의 봄꽃 중에는 벚꽃, 민들레꽃, 유채꽃 등이 있어요.

어휘를 익혀요

본문 10~11쪽

01 ❶ ㄷ ❷ ㅁ ❸ ㄹ ❹ ㄴ ❺ ㄱ

02 ❶ 쓰임새 ❷ 열매 ❸ 기록

03

기	자	나	유	카
록	낙	무	채	놀
벗	꽃	하	꽃	라
쓰	임	새	산	유
민	들	레	튀	김

❶ 쓰임의 정도나 쓰이는 바
쓰 임 새

❷ 어떤 생각이나 사실을 적음. 또는 그 글
기 록

❸ 신문, 잡지, 방송 따위에 실을 기사를 취재하여 쓰거나 편집하는 사람
기 자

❹ 비행 중인 항공기 따위에서 사람이나 물건을 안전하게 땅 위에 내리도록 하는 데 쓰는 기구
낙 하 산

02 동물들의 특징이 궁금해

> 코칭Tip 이 글은 동물들의 특징에 대해 설명하는 글입니다. 바실리스크 도마뱀과 백곰의 특징이 무엇인지를 파악하며 글을 읽을 수 있도록 합니다.

◆ 글쓴이가 어떤 동물들의 특징을 설명하고 있는지 해당하는 낱말에 색칠해요.

◆ 바실리스크 도마뱀과 백곰의 특징을 찾아 각각 밑줄을 그어요.

1 동물들은 자신만의 고유한 특징을 갖고 태어납니다. 주로 습한 물가에서 생활하는 바실리스크 도마뱀은 물가에 있
_{바실리스크 도마뱀이 사는 곳}　　　　　_{중심 소재}
는 먹이를 잡을 때 물 위를 뛰어다닙니다. 이때 바실리스크 도마뱀이 물 위를 뛰어다닐 수 있는 건 바로 긴 발가
　　　　　　　　　　　　_{바실리스크 도마뱀의 특징}
락 덕분입니다. 1초에 스무 걸음을 걷는데, 긴 발가락으로 물을 차서 공기 방울을 만들면 물 위를 뛰어다니는
데 도움이 됩니다.

▶ 바실리스크 도마뱀의 특징

> 너도 바실리스크 도마뱀이니?

> 저는 소금쟁인데요...

> 검은 피부가 아니었다면 난 얼어 죽었을 거야.

2 한편 영하 40도까지 내려가는 북극에서 백곰은 어떻게 살
　　　　　　　　　　　　　　_{백곰이 사는 곳}　_{중심 소재}
아갈 수 있을까요? 그 비밀은 바로 백곰의 검은 피부에 있습
　　　　　　　　　　　　　　　_{백곰의 특징}
니다. 사람들은 백곰의 흰 털만 보고 백곰이라고 부르는데,
　　　　　_{사람들이 백곰이라고 부르는 이유}
실제 백곰의 속살은 검은색입니다. 일반적으로 검은색은
열을 잘 흡수하고 또 열을 오래 저장할 수 있습니다. 그
_{검은색의 효과}
래서 추운 북극에 사는 백곰에게 검은 피부는 필수라
고 할 수 있습니다.

▶ 백곰의 특징

글을 이해해요

☑ 자기 평가   본문 13쪽

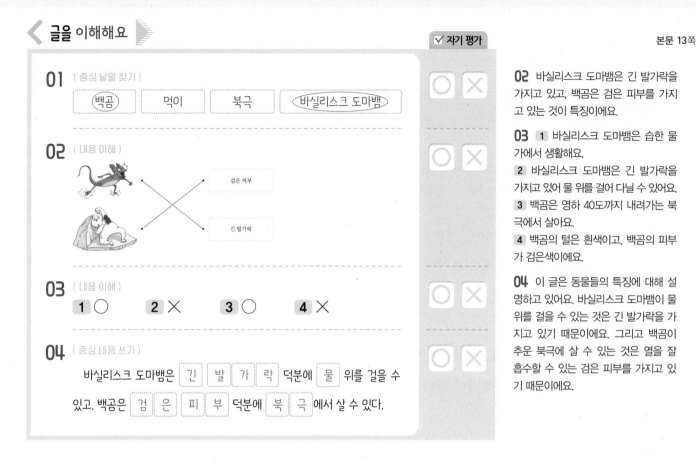

01 (중심 낱말 찾기)

⟨백곰⟩   먹이   북극   ⟨바실리스크 도마뱀⟩

○ ✕

02 (내용 이해)

검은 피부

긴 발가락

○ ✕

03 (내용 이해)

1 ○   **2** ✕   **3** ○   **4** ✕

○ ✕

04 (중심 내용 쓰기)

바실리스크 도마뱀은 [긴][발][가][락] 덕분에 [물] 위를 걸을 수 있고, 백곰은 [검][은][피][부] 덕분에 [북][극]에서 살 수 있다.

○ ✕

02 바실리스크 도마뱀은 긴 발가락을 가지고 있고, 백곰은 검은 피부를 가지고 있는 것이 특징이에요.

03 **1** 바실리스크 도마뱀은 습한 물가에서 생활해요.
2 바실리스크 도마뱀은 긴 발가락을 가지고 있어 물 위를 걸어 다닐 수 있어요.
3 백곰은 영하 40도까지 내려가는 북극에서 살아요.
4 백곰의 털은 흰색이고, 백곰의 피부가 검은색이에요.

04 이 글은 동물들의 특징에 대해 설명하고 있어요. 바실리스크 도마뱀이 물 위를 걸을 수 있는 것은 긴 발가락을 가지고 있기 때문이에요. 그리고 백곰이 추운 북극에 살 수 있는 것은 열을 잘 흡수할 수 있는 검은 피부를 가지고 있기 때문이에요.

어휘를 익혀요

본문 14~15쪽

01 **1** ㄹ   **2** ㄷ   **3** ㅁ   **4** ㄱ   **5** ㄴ   **02** **1** 습   **2** 영하   **3** 흡수

03

민재

1 자침이 가리키는 북쪽 끝   채소 가게

북극   남극

2 옷에 가려서 겉으로 드러나지 아니하는 부분의 살

3 섭씨온도계에서, 눈금이 0℃ 이하의 온도

겉살   속살

영하

윤구점   영상

03 상황에 맞는 말

코칭 Tip 이 글은 상황에 따라 높임 표현이 달라지는 우리말의 높임 표현에 대해 설명한 이야기입니다. 존댓말의 표현 방법을 이해하여 올바른 언어생활을 할 수 있도록 합니다.

◆ 도하가 한국말 중 어려워하는 것은 무엇인지 해당하는 낱말에 색칠해요.

◆ 상대를 높이기 위한 표현 방법 두 가지를 찾아 밑줄을 그어요.

1 도하는 외국에서 오래 살다 왔어요. 친구 준영이 집에 초대를 받은 도하는 주말에 준영이 집에 놀러 갔어요. 도하는 마침 집에 계신 준영이 아버지께 인사를 했어요.

"네가 외국에서 왔다는 준영이 친구구나. 난 준영이 아빠야. 반갑구나."

"준영이 아빠, 반가워."

도하의 말을 들은 준영이의 얼굴이 붉으락푸르락해졌어요.

"야, 김도하! 너 왜 우리 아빠한테 반말해?"
<u>준영이의 얼굴이 붉으락푸르락해진 이유</u>

"반말이 뭔데?"   ▶ 준영이 아버지에게 반말을 한 도하

2 "하하하. 준영이 친구가 아직 한국말에 서투르구나. 한국에서는 대화하는 상대에 따라 말하는 방법이 달라진단다. 보통 나보다 나이가 많은 상대에게는 상대를 높이는 <u>존댓말</u>을 쓰고, 나와 나이가
<u>한국말의 특징</u>   <u>중심 소재</u>
같거나 어린 상대에게는 낮추어 말하는 반말을 쓰지. 상대를 높이기 위해서는 '진지'와 같은 높임
<u>존댓말을 사용하는 경우</u>   <u>상대를 높이기 위한 표현 방법 ①</u>
표현을 사용하거나, 반말의 끝에 '습니다'나 '요'를 붙이면 된단다. 따라서 '반가워.' 대신 '반갑습니
<u>반말을 사용하는 경우</u>
다.'나 '⬜️ ㄱ'라고 말하면 된단다."
<u>상대를 높이기 위한 표현 방법 ②</u>

도하는 머리가 어질어질해졌어요.   ▶ 도하에게 존댓말에 대해 설명해 주시는 준영이 아버지

3 "으…… 한국말은 너무 어려워."

"도하야, 쓰다 보면 익숙해질 거야. 내가 계속 알려 줄게!"

준영이가 도하의 어깨를 두드리며 말했어요.   ▶ 한국말을 어려워하는 도하를 다독이는 준영

글을 이해해요

본문 17쪽

☑ 자기 평가

01 (중심 낱말 찾기)

대 화   아 빠   진 지   ⟨존 댓 말⟩

02 (내용 이해)

반가워.	반가워요.	반갑구나.
( )	(◯)	( )

03 (내용 이해)

진지

04 (중심 내용 쓰기)

한국말은 대화하는 상 대 에 따라 말을 높이는 존 댓 말 을
사용하거나 말을 낮추는 반 말 을 사용한다.

02 반말의 끝에 '습니다'나 '요'를 붙이면 상대를 높이는 표현이 돼요. 따라서 ㉠에는 '반가워'에 '요'를 붙여 상대를 높이는 '반가워요.'가 들어가야 해요.

03 어른에게 말을 할 때는 '밥', '먹다' 대신 '진지', '드시다'라는 말을 사용해요. '진지', '드시다'와 같이 사람이나 사물을 높여서 이르는 말을 존댓말이라고 해요.

04 이 글은 대화하는 상대에 따라 말을 높이거나 낮추는 한국말의 높임 표현에 대해 설명하고 있어요. 보통 대화하는 상대가 어른이면 존댓말을 사용하고, 나이가 같거나 어리면 반말을 사용해요.

어휘를 익혀요

본문 18~19쪽

01 ❶ ㅁ   ❷ ㄷ   ❸ ㄱ   ❹ ㄹ   ❺ ㄴ   **02** ❶ 반말   ❷ 초대   ❸ 진지

03 (1)   (2)

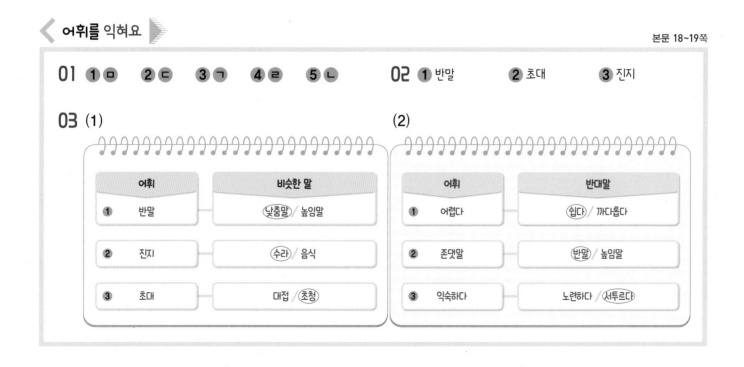

(1)

어휘	비슷한 말
❶ 반말	⟨낮춤말⟩ / 높임말
❷ 진지	⟨수라⟩ / 음식
❸ 초대	대접 / ⟨초청⟩

(2)

어휘	반대말
❶ 어렵다	⟨쉽다⟩ / 까다롭다
❷ 존댓말	⟨반말⟩ / 높임말
❸ 익숙하다	노련하다 / ⟨서투르다⟩

04 세종 대왕님 편찮으세요?

코칭 Tip 이 글은 세종 대왕이 앓은 병과 그 이유에 대해 설명한 글입니다. 세종 대왕이 한 일을 살펴보고, 세종 대왕이 많은 병을 앓을 수밖에 없었던 이유가 무엇인지를 파악하며 글을 읽을 수 있도록 합니다.

◆ 이 글은 누구에 대해 설명하고 있는지 해당하는 인물에 색칠해요.

◆ 세종 대왕이 앓은 병의 증상으로는 어떤 것들이 있는지 찾아 밑줄을 그어요.

---

1 여러분은 세종 대왕에 대해 들어 보았나요? 세종 대왕은 조선 시대에서 가장 위대하다고 꼽히는
　　　　　　　　중심인물
왕이에요. 백성들이 편하게 생활할 수 있도록 해시계, 물시계를 만들었을 뿐만 아니라 우리나라의 글
　　　　　　　　　　　　　　　　　　　세종 대왕이 한 일 ①
자인 한글도 만들고, 나라의 영토도 넓힌 똑똑한 왕이었답니다. 그런데 세종 대왕은 몸 곳곳이 아팠
　　　　세종 대왕이 한 일 ②　　　세종 대왕이 한 일 ③
대요. 어떤 증상이 있었는지 알아볼까요?
　　　　　　　　　　　　　　　　　　　　　　　　　▶ 세종 대왕에 대한 소개

2 세종 대왕은 머리가 아프고, 눈병이
　　　　　　　　　　　　　세종 대왕이 앓은 병 ①
자주 났대요. 그리고 얼굴이 점점 굳어져
세종 대왕이 앓은 병 ②　　　　세종 대왕이 앓은 병 ③
표정이 삐뚤어져 보였대요. 또 몸이 퉁퉁
　　　　　　　　　　　세종 대왕이 앓은 병 ④
붓고, 설사를 자주 하며, 손이 떨리기도 했
　　세종 대왕이 앓은 병 ⑤　　　세종 대왕이 앓은 병 ⑥
대요.
　　▶ 세종 대왕이 앓은 병의 증상

3 세종 대왕이 이렇게 많은 병을 앓은 것
은 일을 너무 많이 했기 때문이에요. 조선
　　　세종 대왕이 병을 앓은 이유 ①
이 세워진 지 얼마 되지 않았을 때라 해야
할 나랏일이 많았거든요. 세종 대왕은 밤낮 일만 하느라 쉬지도 못하고, 운동도 못했어요. 많은 일을
　　　　　　　　　　　　　　세종 대왕이 병을 앓은 이유 ②　세종 대왕이 병을 앓은 이유 ③
해야 하니 스트레스도 많이 받았지요. 게다가 편식이 심해서 채소를 먹기 싫어하고 고기만 먹었다고
　　　세종 대왕이 병을 앓은 이유 ④　　　　　　　　세종 대왕이 병을 앓은 이유 ⑤
해요. 이렇게 세종 대왕은 나라를 위해 많은 일을 했지만 여러 가지 병으로 고생했어요. 여러분은 세
종 대왕을 보면서, 공부를 하고 일을 하는 것만큼이나 건강을 지키는 게 중요하다는 사실을 잊지 않
기로 해요.
　　　　　　　　　　　　　　　　　　　　　　　　　　　▶ 세종 대왕이 병을 앓은 이유

글을 이해해요

본문 21쪽

✔ 자기 평가

01 (인물 찾기)

왕　　　백 성　　　세 종 대 왕

○ ✕

02 (내용 이해)

①

○ ✕

03 (내용 이해)

✔ 편식이 심했다.　　　☐ 고려 시대에 살았다.

☐ 땅시계를 만들었다.　　✔ 한글을 만들었다.

✔ 나라의 영토를 넓혔다.

○ ✕

04 (중심 내용 쓰기)

조 선 시대에 가장 위대하다고 꼽히는 왕인 세 종 대 왕

은 밤낮으로 나랏일을 하느라 많은 병 을 앓았다.

○ ✕

02 2문단에서 세종 대왕은 머리가 아프고 몸이 퉁퉁 부었다고 했어요. 또한 설사가 자주 나고, 손이 떨리기도 했어요. 하지만 웃음이 자꾸 나오는 병은 세종 대왕이 앓은 병이 아니에요.

(이럴 땐 이렇게!) 글 속에 그림이 있다면 그림을 꼼꼼하게 살펴보세요. 문제를 풀 수 있는 실마리를 찾을 수도 있어요.

03 1문단을 보면 세종 대왕은 땅시계가 아니라 해시계와 물시계, 한글을 만들고, 나라의 영토를 넓힌 왕이었어요. 그리고 세종 대왕은 고려 시대 사람이 아니라 조선 시대 사람이에요. 한편 세종 대왕은 편식이 심해 채소를 먹기 싫어하고 고기만 먹었다고 해요.

04 이 글은 세종 대왕이 백성들을 위해 한 일과 세종 대왕이 앓았던 병에 대해 설명하고 있어요. 세종 대왕은 백성들을 위해 밤낮으로 나랏일을 하느라 많은 병을 앓았어요.

어휘를 익혀요

본문 22~23쪽

01 ❶ ㅁ　❷ ㄴ　❸ ㄱ　❹ ㄹ　❺ ㄷ

02 ❶ 증상　❷ 나랏일　❸ 편식

03

❶ 어떤 병의 특징이 나타난 것 → ✔ 증상 ／ ☐ 현상

❷ 국제법에서, 국가의 통치권이 미치는 구역 → ✔ 영토 ／ ☐ 토양

❸ 자기가 좋아하는 몇 가지 음식만 골라 먹는 것 → ☐ 음식 ／ ✔ 편식

❹ 사람이나 동물이 일정한 환경에서 활동하며 살아감 → ☐ 생애 ／ ✔ 생활

❺ 바르지 아니하고 한쪽으로 기울어지거나 쏠려 있다. → ☐ 바르다 ／ ✔ 삐뚤다

05 철새의 이동

> **코칭 Tip** 이 글은 우리나라의 철새에 대해 설명하는 글입니다. 철새의 종류와 철새가 이동하는 까닭, 그리고 철새의 이동 형태 등을 파악하며 글을 읽을 수 있도록 합니다.

◆ 계절에 따라 사는 곳을 옮기는 새를 무엇이라고 하는지 해당하는 낱말에 색칠해요.

◆ 철새가 이동하는 까닭을 찾아 밑줄을 그어요.

1 우리나라에는 계절마다 다양한 **철새**가 찾아옵니다. 계절에 따라 사는 곳을 옮기는 새를 철새라
고 하는데, 여름 철새와 겨울 철새로 구분할 수 있습니다. 여름 철새는 봄에 우리나라로 날아와서 여
름을 보내고 가을이 되면 떠나갑니다. 제비, 뻐꾸기, 꾀꼬리, 물총새 등이 대표적인 여름 철새입니다.
겨울 철새는 가을에 우리나라로 날아와서 겨울을 보내고 봄이 되면 이동합니다. 기러기, 두루미, 독
수리, 고니 등이 겨울 철새에 속합니다.
▶ 철새의 종류

2 그런데 철새는 왜 이동하는 것일까요? 철새가 이동하는 까닭은 아직 뚜렷하게 밝혀지지 않았지
만, 계절에 따른 기온의 변화와 먹이 문제 때문이라는 의견이 대부분입니다. 새들은 알을 낳기에 적
합한 환경이나, 먹잇감이 풍부하고 온도가 알맞아 서식하기 좋은 곳을 찾아 이동하는 것이지요. 이러
한 이유로 철새는 한 해 두 차례씩 사는 곳을 옮깁니다.
▶ 철새가 이동하는 까닭

3 철새는 이동하는 형태도 다양합니다. 한 마리씩 떨어져 직선적으로 이동하기도 하고, 수천 마리
가 떼를 지어 한 덩어리처럼 이동하기도 합니다. 막대 모양이나 열쇠 모양 등의 모양을 이루며 질서
있게 무리를 지어 움직이기도 합니다.
▶ 철새의 다양한 이동 형태

글을 이해해요

✔ 자기 평가

본문 25쪽

01 (중심 낱말 찾기)

| 계 절 | 먹 이 | 서 식 | (철 새) |

○ ✕

02 (내용 이해)

✔ 계절에 따라 사는 곳을 옮긴다.

☐ 겨울 철새는 봄에 우리나라에 온다.

☐ 여름 철새는 우리나라에서 겨울을 보낸다.

✔ 철새는 이동을 할 때 다양한 형태로 무리를 지어 움직인다.

○ ✕

03 (내용 이해)

1 풍부한   **2** 겨울 철새

○ ✕

04 (중심 내용 쓰기)

계 절 에 따른 기온의 변화와 먹 이 문제 때문에 사는 곳을 옮기는 새를 철 새 라고 한다.

○ ✕

02 계절에 따라 사는 곳을 옮기는 새를 철새라고 하는데, 철새는 이동할 때 다양한 형태로 이동을 해요. 한편 철새는 여름 철새와 겨울 철새로 구분할 수 있는데, 여름 철새는 봄에 우리나라로 날아와 여름을 보내고 가을이 되면 떠나가요. 그리고 겨울 철새는 가을에 우리나라로 날아와 겨울을 보내고 봄이 되면 이동을 해요.

03 **1** 2문단에서 철새는 먹잇감이 풍부하고 온도가 알맞아 서식하기 좋은 지역으로 이동한다고 했어요.
2 1문단에서 기러기, 두루미, 독수리, 고니 등은 겨울 철새에 속한다고 했어요.

04 이 글은 우리나라의 철새의 종류 및 철새가 이동하는 까닭, 그리고 철새의 이동 형태에 대해 설명하고 있어요. 철새는 계절에 따른 기온의 변화와 먹이 문제 때문에 사는 곳을 옮겨요.

어휘를 익혀요

본문 26~27쪽

01 **1** ㄹ **2** ㄷ **3** ㅁ **4** ㄴ **5** ㄱ   **02** **1** 먹잇감 **2** 서식 **3** 떼

03

1 동물이 살아가기 위하여 먹어야 할 거리, 또는 사육하는 가축에게 주는 먹을거리

① 먹 이

2 움직여 옮김. 또는 움직여 자리를 바꿈

② 이 동

3 성질이 같음. 또는 같은 성질

③ 동 질

4 혼란 없이 순조롭게 이루어지게 하는 사물의 순서나 차례

④ 질 서

15

06 태양을 사랑한 금잔화

> **코칭 Tip** 이 글은 태양의 신을 사랑한 청년이 죽어서 금잔화가 된 이야기입니다. 금잔화에 얽힌 이야기가 금잔화의 모습, 금잔화의 꽃말과 어떤 연관이 있는지 살펴보며 글을 읽을 수 있도록 합니다.

◆ 이 글은 무슨 꽃에 얽힌 이야기인지 해당하는 낱말에 색칠해요.

◆ 금잔화의 모습을 설명하는 부분에 밑줄을 그어요.

---

1 먼 옛날 태양의 신을 사랑한 청년이 있었습니다. 그 청년은 어릴 때부터 하늘에 뜬 태양을 바라보기를 좋아했어요. 그러다가 태양이 지는 밤이 되면 아쉬운 마음을 감추지 못했지요. 태양의 신도 자신을 좋아하는 청년을 기특하게 생각하고 아꼈어요. 한편 구름의 신은 청년이 못마땅했어요. 태양

<small>청년을 아낀 태양의 신</small> <small>청년을 못마땅해한 구름의 신</small>

이나 자신이나 하늘에 떠 있는 것은 마찬가지인데, 청년이 태양만 좋아하자 질투가 난 거예요. 그래

<small>구름의 신이 청년을 못마땅해한 이유</small>

서 구름의 신은 청년이 태양을 보지 못하도록 태양이 동쪽 하늘에서 떠오를 때부터 서쪽 하늘로 질 때까지 태양을 따라다니며 가렸지요. 무려 여드레 동안이나 말이에요.

<small>8일</small> ▶ 금잔화에 담긴 이야기 ①: 태양의 신을 사랑한 청년

2 청년은 태양을 보지 못하게 되자 무척 슬펐어요. 하루하루 청년이 수척해지는 것이 눈에 보일 정도였지요. 태양을 그리워하며 시름시름 앓던 청년은 결국 죽고 말았어요. 드디어 구름이 걷힌 날, 태양의 신은 매일 자신을 바라보던 청년을 찾았어요. 그러나 태양의 신이 볼 수 있었던 것은 청년의 무덤뿐이었지요. 태양의 신은 몹시 슬퍼하면서 청년을 꽃으로 만들었어요. 그 꽃이 바로 금잔화랍니다.

<small>중심 소재</small>

▶ 금잔화에 담긴 이야기 ②: 죽어서 금잔화가 된 청년

3 이렇게 생겨난 꽃이기 때문일까요? 금색과 붉은색의 꽃잎이 섞인 금잔화의 모습은 태양과 참 닮

<small>금잔화의 모습 ①</small>

았어요. 또한 금잔화는 태양이 떠 있을 때는 태양이 있는 쪽을 향해 활짝 피어 있다가, 태양이 지면 꽃잎을 닫는 답니다. 마치 청년이 태양이 떠 있을 때는 태양을 바라보다가, 태양이 지면 슬퍼했던 것

<small>금잔화의 모습 ②</small>

처럼 말이에요. 태양을 보지 못해 슬펐던 청년의 마음을 담아 금잔화의 꽃말도 '이별의 슬픔'이 되었

<small>금잔화의 꽃말</small>

다고 합니다.

▶ 금잔화의 모습 및 금잔화의 꽃말에 담긴 의미

글을 이해해요 ▶

☑ 자기 평가   본문 33쪽

01 (중심 낱말 찾기)

| 신 | 구 름 | 태 양 | 금 잔 화 |

○ ✕

02 (내용 이해)

②

○ ✕

03 (내용 이해)

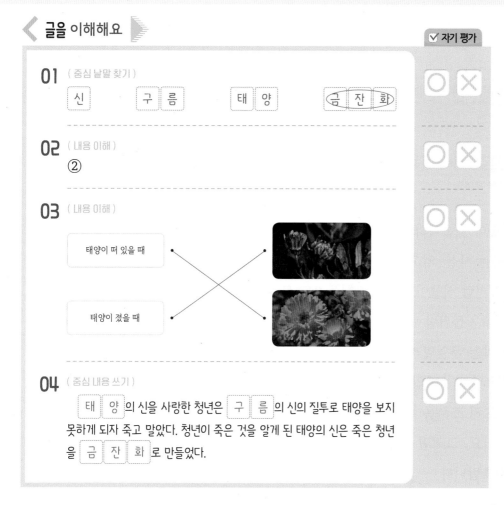

태양이 떠 있을 때

태양이 졌을 때

○ ✕

04 (중심 내용 쓰기)

　태 양 의 신을 사랑한 청년은 구 름 의 신의 질투로 태양을 보지 못하게 되자 죽고 말았다. 청년이 죽은 것을 알게 된 태양의 신은 죽은 청년을 금 잔 화 로 만들었다.

○ ✕

02 구름의 신 때문에 태양을 보지 못하게 된 청년은 무척 슬퍼했어요. 청년은 태양을 그리워하며 시름시름 앓다가 결국 죽고 말았어요.

(오답 풀이)

① 1문단에서 구름의 신은 여드레 동안 태양을 가렸다고 했어요.
③ 2문단에서 태양의 신은 청년을 금잔화로 만들었다고 했어요.

03 3문단에서는 금잔화의 모습에 대해 설명하고 있어요. 금잔화는 태양이 떠 있을 때 태양이 있는 쪽을 향해 꽃잎을 활짝 피웠다가 태양이 지면 꽃잎을 닫는다고 했어요.

04 이 글은 금잔화에 얽힌 이야기와 금잔화의 꽃말에 대해 설명하고 있어요. 태양의 신을 사랑한 청년은 구름의 신의 질투로 태양을 보지 못하게 되자 시름시름 앓다 죽게 돼요. 청년이 죽었다는 것을 알게 된 태양의 신은 죽은 청년을 금잔화로 만들어요.

어휘를 익혀요 ▶

본문 34~35쪽

01 ❶ ㅁ ❷ ㄹ ❸ ㄷ ❹ ㄴ ❺ ㄱ   **02** ❶ 기특 ❷ 무덤 ❸ 수척

03 (1)

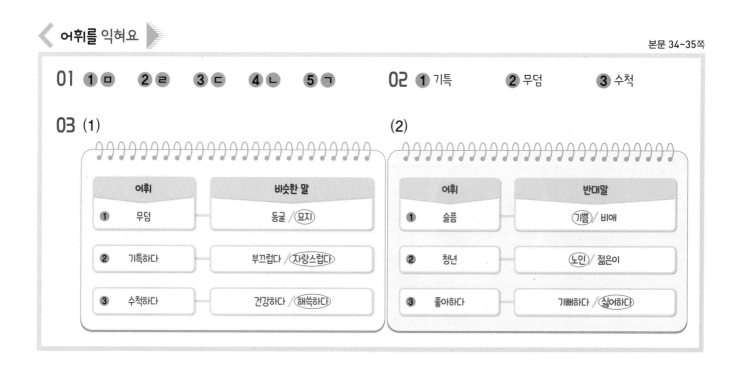

어휘	비슷한 말
❶ 무덤	동굴 / 묘지
❷ 기특하다	부끄럽다 / 자랑스럽다
❸ 수척하다	건강하다 / 해쓱하다

(2)

어휘	반대말
❶ 슬픔	기쁨 / 비애
❷ 청년	노인 / 젊은이
❸ 좋아하다	기뻐하다 / 싫어하다

코칭 Tip 이 글은 산호가 동물인 이유에 대해 설명하는 글입니다. 산호의 정체 및 산호가 동물인 이유 등을 이해하며 글을 읽을 수 있도록 합니다.

◆ 이 글은 무엇에 대해 설명하고 있는지 해당하는 낱말에 색칠해요.
◆ 산호가 동물인 이유를 찾아 밑줄을 그어요.

1 바닷속에도 아름다운 숲이 있습니다. 바로 산호로 이루어진 숲입니다. 그런데 나뭇가지처럼 생
중심 소재
긴 이 산호가 식물이 아니라는 사실, 알고 있었나요? '산호'를 '산호초'라고도 부르고는 하니, 똑같이
사람들이 산호를 식물이라고 오해하는 이유
'초'로 끝나는 '야생초', '약초'처럼 식물이라고 생각했을지도 모르겠어요. 하지만 산호는 식물이 아닙
니다. 그럼 돌이나 보석일까요? 돌처럼 단단하고, 보석처럼 예쁘니까요. 하지만 산호는 돌도 보석도
아니랍니다. 그럼 산호의 정체는 무엇일까요?   ▶ 산호의 정체에 대한 궁금증

2 놀랍게도 산호의 정체는 바로 동물입니다. '폴립'이라는 아주 작은 바다 생물이 모여 하나의 동물
산호의 정체
을 이루는데, 그 동물을 '산호'라고 부릅니다. 이 폴립들은 자신의 몸을 보호하기 위해 바다의 석회를
폴립이 자신의 몸을 보호하는 방법
모아 단단한 껍데기를 만들어요. 그러면 산호는 점점 커져 마치 나뭇가지와 같은 모습이 되는데, 이
모습이 우리가 알고 있는 산호랍니다.   ▶ 산호의 정체

3 산호는 껍데기 안에 숨어 있다가 독이 있는 촉수를 펼쳐서 먹이를 사냥해요. 플랑크톤이나 게,
산호가 먹이를 사냥하는 방법   산호의 먹이
새우, 작은 물고기 등을 기절시켜서 잡아먹지요. 이렇게 움직이기도 하고 먹이도 잡아먹기 때문에 산
산호가 동물인 이유
호를 동물이라고 해요. 그러다가 산호에 있던 폴립이 모두 죽고, 겉의 껍데기만 남으면 그걸 '산호초'
산호초의 정체
라고 부른답니다. 산호초는 산호가 죽고 남은 뼈인 셈이지요.   ▶ 산호의 사냥 방법 및 산호가 동물인 이유

폴립

글을 이해해요

☑ 자기 평가

본문 37쪽

01 (중심 낱말 찾기)

| 산 | 호 | | 새 | 우 | | 식 | 물 | | 껍 | 데 | 기 |

○ ✕

02 (내용 이해)

1 바닷속   **2** 플랑크톤

○ ✕

03 (내용 이해)

❶ 폴립   **❷** 석회   **❸** 산호초

○ ✕

04 (중심 내용 쓰기)

| 산 | 호 |는 폴립이라는 작은 바다 생물이 모여 하나의 | 동 | 물 |을 이룬 것이다. 움직이고 | 먹 | 이 |를 사냥하여 잡아먹기 때문에 산호를 동 물로 본다.

○ ✕

02 **1** 산호는 바닷속에서 살아요.
2 산호는 플랑크톤, 게, 새우, 작은 물 고기 등을 먹고 살아요.

03 2문단을 보면 폴립이라는 아주 작 은 바다 생물이 모여 하나의 동물을 이 루는데 이를 산호라고 부르고, 산호는 석회를 모아 단단한 껍데기를 만든다고 했어요. 그리고 3문단을 보면 폴립이 모 두 죽고 껍데기만 남으면 이를 산호초 라고 부른다고 했어요.

04 이 글은 산호가 동물인 이유에 대 해 설명하고 있어요. 산호는 폴립이라 는 아주 작은 바다 생물들이 모여 하나 의 동물을 이룬 것으로, 움직이기도 하 고 촉수를 펼쳐 플랑크톤, 게, 새우, 작 은 물고기 등을 사냥해 잡아먹기도 하 기 때문에 동물로 보고 있어요.

어휘를 익혀요

본문 38~39쪽

01 **❶** ㄷ   **❷** ㄹ   **❸** ㅁ   **❹** ㄱ   **❺** ㄴ

02 **❶** 정체   **❷** 보호   **❸** 기절

03

08 왜 나라마다 시간이 다를까

> **코칭 Tip** 이 글은 나라마다 시간이 다른 이유에 대해 설명하는 글입니다. 나라마다 낮과 밤이 달라지는 이유와 세계에서 시간을 표시하는 기준이 무엇인지 등을 이해하며 글을 읽을 수 있도록 합니다.

> ◆ 전 세계의 기준이 되는 시간을 무엇이라고 하는지 해당하는 낱말에 색칠해요.
> ◆ 나라마다 낮과 밤이 다른 이유를 설명하는 부분에 밑줄을 그어요.

1 하늘에 있는 태양은 낮에는 높이 떠 있다가 저녁이 되면 점점 아래로 움직이는 것처럼 보입니다. 그런데 사실 태양은 항상 제자리에 있고 지구가 움직인다는 사실을 알고 있었나요? 지구가 남극과 북극을 연결하는 직선을 축으로 하여 스스로 하루에 한 바퀴씩 돌기 때문에, 나라마다 낮과 밤이 달라지게 되는 것입니다. 지구가 한 바퀴 돌 때 태양의 빛을 받는 곳은 낮이 되고, 빛을 받지 못하는 곳은 밤이 됩니다.

나라마다 낮과 밤이 다른 이유

▶ 태양의 빛을 받는 곳에 따라 낮과 밤이 되는 지구

2 이처럼 지역마다 낮과 밤이 달라지면 쓰는 시간도 달라집니다. 그런데 나라마다 기준을 다르게 하여 시간을 표시하면 더욱 혼란스러워질 수밖에 없습니다. 그래서 사람들은 전 세계의 기준이 되는 시간인 세계시를 만들었습니다. 영국 런던에 있는 '그리니치 천문대'가 몇 시인지를 기준으로 세계시를 정한 것입니다. 그리니치 천문대의 오른쪽(동쪽)으로 갈수록 시간이 조금씩 빨라집니다. 그래서 우리나라는 그리니치 천문대가 있는 영국보다 9시간이 빠릅니다. 즉, 영국의 시간에 9시간을 더하면 우리나라의 시간이 됩니다.

세계시를 정한 이유 / 세계시의 의미 / 중심 소재 / 세계시의 기준이 되는 시간

▶ 세계시의 기준이 되는 그리니치 천문대의 시간

영국 런던
2월 2일 오전 1시
"잠을 자요."

대한민국 서울
2월 2일 오전 10시
"학교에서 수업을 들어요."

◀ 글을 이해해요 ▶

✔ 자기 평가   본문 41쪽

01 (중심 낱말 찾기)

기 준   지 구   태 양   ⟨세 계 시⟩

⭕ ❌

02 (내용 이해)
②

⭕ ❌

03 (내용 이해)
③

⭕ ❌

04 (중심 내용 쓰기)

지 구 의 움직임 때문에 나라마다 낮 과 밤 이 달라 기준을 다르게 하여 시 간 을 표시하면 혼란스러워질 수 있다. 따라서 사람들은 전 세계의 기준이 되는 시간인 세 계 시 를 만들었다.

⭕ ❌

02 1문단을 보면 지구는 남극과 북극을 연결하는 직선을 축으로 하여 스스로 하루에 한 바퀴씩 돈다고 해요. 그래서 지구가 한 바퀴 돌 때 태양의 빛을 받는 곳은 낮이 되고, 빛을 받지 못하는 곳은 밤이 돼요.

(오답 풀이)
① 1문단에서 태양은 항상 제자리에 있고 지구가 움직인다고 했어요.
③ 2문단에서 우리나라는 그리니치 천문대가 있는 영국보다 9시간이 빠르다고 했어요.

03 우리나라는 영국보다 9시간이 빠르기 때문에 런던이 오후 2시일 때 우리나라는 오후 11시가 돼요.

04 이 글은 나라마다 시간이 다른 이유에 대해 설명하고 있어요. 지구의 움직임 때문에 나라마다 낮과 밤이 달라 기준을 다르게 하여 시간을 표시하면 혼란스러워질 수 있어요. 따라서 사람들은 전 세계의 기준이 되는 시간인 세계시를 만들었어요.

◀ 어휘를 익혀요 ▶

본문 42~43쪽

01 ❶ ㄴ   ❷ ㄹ   ❸ ㄷ   ❹ ㄱ   ❺ ㅁ

02 ❶ 혼란   ❷ 천문대   ❸ 제자리

03

그	낮	북	기	세
리	남	극	준	계
니	제	자	리	시
치	연	결	혼	밤
우	리	나	라	란

❶ 자침이 가리키는 북쪽 끝
북 극

❷ 자침이 가리키는 남쪽 끝
남 극

❸ 뒤죽박죽이 되어 어지럽고 질서가 없음
혼 란

❹ 사물과 사물을 서로 잇거나 현상과 현상이 관계를 맺게 함
연 결

09 향수의 향기가 바뀌어요

본문 44쪽

코칭 Tip 이 글은 향수의 향이 시간에 따라 달라지는 이유에 대해 설명하는 글입니다. 향수에서 말하는 노트의 의미, 종류, 특징을 이해하며 글을 읽을 수 있도록 합니다.

◆ 향에 대한 느낌을 의미하는 낱말에 색칠해요.
◆ 노트의 세 가지 성분에 각각 밑줄을 그어요.

1 지나가는 사람에게서 좋은 향기를 맡아 본 적이 있나요? 향수를 뿌리면 향기가 나지요. 그런데 향수의 향은 시간이 지날수록 달라진다는 사실을 알고 있나요? 이렇게 향수의 향이 달라지는 이유는 향수에 들어가는 성분들이 공기로 날아가는 속도가 다르기 때문이에요.
▶ 향수의 향이 달라지는 이유
시간이 지날수록 향수의 향이 달라지는 이유

2 향수의 '노트(note)'는 향에 대한 느낌을 말해요. 향수를 뿌리자마자 나는 첫 번째 향을 '탑 노트
중심 소재   향수에서 말하는 노트의 의미   노트의 성분 ①
(top note)'라고 해요. 탑 노트는 30분 정도 지속돼요. '미들 노트(middle note)'는 탑 노트가 끝남과
노트의 성분 ②
동시에 시작되어 1시간 정도 지속돼요. 마지막으로 '베이스 노트(base note)'는 미들 노트가 끝난 후
노트의 성분 ③
부터 향이 완전히 사라지기 전까지 은은하게 남아 있는 향이에요.
▶ 노트의 의미와 노트의 세 가지 성분

3 탑 노트와 미들 노트, 베이스 노트는 각각 다른 향을 써요. 탑 노트는 짧은 시간만 나므로 일시적
탑 노트의 특징
인 향이지요. 보통 자극적이고 활력을 주는 상쾌한 향을 많이 사용해요. 미들 노트는 향수의 가장 핵
탑 노트에서 주로 사용하는 향   미들 노트의 특징
심적인 향이에요. 우리가 누군가를 만나거나 스쳐 지나갈 때 맡는 향들은 대부분 미들 노트랍니다.
베이스 노트에서 주로 사용하는 향
베이스 노트는 피부나 옷에 스며드는 경우도 있으므로 대부분 자극이 적고 은은한 향을 사용해요.
▶ 각 노트의 특징 및 각 노트에서 주로 사용하는 향

4 향수의 향기를 만드는 조향사는 향수에 한 가지
향만 담는 것이 아니라, 이처럼 탑 노트, 미들 노트,
조향사의 역할
베이스 노트를 고려하여 향수를 만든답니다.
▶ 향수의 향기를 만드는 조향사의 역할

글을 이해해요

✔ 자기 평가   본문 45쪽

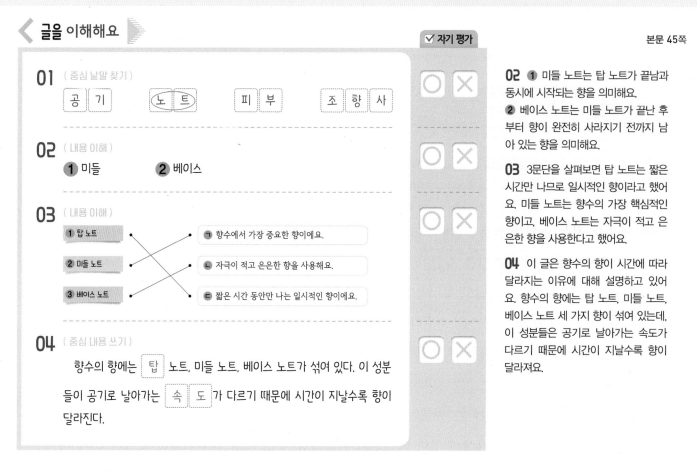

01 (중심 낱말 찾기)

공 기   (노 트)   피 부   조 향 사   ○ ✕

02 (내용 이해)

❶ 미들   ❷ 베이스   ○ ✕

03 (내용 이해)

❶ 탑 노트 •   • ㉠ 향수에서 가장 중요한 향이에요.   ○ ✕

❷ 미들 노트 •   • ㉡ 자극이 적고 은은한 향을 사용해요.

❸ 베이스 노트 •   • ㉢ 짧은 시간 동안만 나는 일시적인 향이에요.

04 (중심 내용 쓰기)

향수의 향에는 탑 노트, 미들 노트, 베이스 노트가 섞여 있다. 이 성분   ○ ✕
들이 공기로 날아가는 속 도 가 다르기 때문에 시간이 지날수록 향이
달라진다.

02 ❶ 미들 노트는 탑 노트가 끝남과 동시에 시작되는 향을 의미해요.
❷ 베이스 노트는 미들 노트가 끝난 후부터 향이 완전히 사라지기 전까지 남아 있는 향을 의미해요.

03 3문단을 살펴보면 탑 노트는 짧은 시간만 나므로 일시적인 향이라고 했어요. 미들 노트는 향수의 가장 핵심적인 향이고, 베이스 노트는 자극이 적고 은은한 향을 사용한다고 했어요.

04 이 글은 향수의 향이 시간에 따라 달라지는 이유에 대해 설명하고 있어요. 향수의 향에는 탑 노트, 미들 노트, 베이스 노트 세 가지 향이 섞여 있는데, 이 성분들은 공기로 날아가는 속도가 다르기 때문에 시간이 지날수록 향이 달라져요.

어휘를 익혀요

본문 46~47쪽

01 ❶ ㄹ   ❷ ㄷ   ❸ ㅁ   ❹ ㄱ   ❺ ㄴ   **02** ❶ 성분   ❷ 속도   ❸ 조향사

03

❶ 짧은 한때의   영구적 ✔일시적

❷ 사물의 가장 중심이 되는 부분   주변 ✔핵심

❸ 꽃, 향, 향수 따위에서 나는 좋은 냄새   악취 ✔향기

❹ 몸의 감각이나 마음으로 깨달아 아는 기운이나 감정   ✔느낌 생각

❺ 어떤 물체나 현상이 움직이거나 변하는 빠르기의 정도   박자 ✔속도

코칭 Tip 이 글은 우리나라의 전설 속 동물인 해치에 대해 설명하는 글입니다. 해치의 모습과 상징적 의미 등을 이해하며 글을 읽을 수 있도록 합니다.

◆ 서울시를 상징하는 전설 속 동물이 무엇인지 그 대상을 찾아 색칠해요.
◆ 우리나라에서 해치는 어떤 의미의 동물인지 두 가지를 찾아 밑줄을 그어요.

1 해치는 전설 속의 동물로 '해태'라고도 부릅니다. 『전체적으로 사자 같은 몸에 머리에는 뿔이 나
　　중심 소재　　　　　　　　　　　해치의 또 다른 이름　　　　　　『 』: 해치의 모습
있고, 겨드랑이에는 날개를 닮은 깃털이 있으며, 온몸은 비늘로 덮여 있지요. 목에는 방울이 달려 있
어요.』 중국과 일본에서는 사납고 무서운 맹수로 그려지지만, 우리나라에서는 친근하고 정의로운 동
　　　　　중국과 일본에서 해치의 이미지　　　　　　　　　　　　　　　우리나라에서 해치의 이미지
물로 그려져요. '해치'라는 이름은 순우리말로 '해님이 파견한 벼슬아치'의 줄임 말이에요. 그 이름처
럼 화재나 재앙을 물리치는 신성한 동물로 여겨졌기에 우리나라의 궁궐 입구에는 해치 조각상이 세
　　우리나라에서 해치의 상징적 의미 ①
워져 있어요. ▶ 우리나라에서 해치의 상징적 의미 ①

2 또한 해치는 선악을 판단하는 동물이기도 해요. 악한 사람이나 정직하지 못한 사람한테 벌을 내
　　　　　　　　　　　　　　　　　　　　　우리나라에서 해치의 상징적 의미 ②
리는 정의로운 동물이지요. 그래서 신라 시대부터 나랏일을 하는 벼슬아치가 입는 옷이나 모자 등에
해치 그림을 넣었대요. 해치를 본받아 공정하고 정의롭게 행동하라는 의미겠지요?
　　　　　　　벼슬아치가 입는 옷이나 모자 등에 해치 그림을 넣은 이유　　　▶ 우리나라에서 해치의 상징적 의미 ②

3 해치는 서울시의 상징이기도 해요. 성스러운 동물 해치가 서울에 나쁜 일이 일어나지 못하게 막
　　해치를 서울시의 수호신으로 삼음　　　　　　　　　　서울시의 수호신으로서 해치에 담긴 염원
고, 시민을 행복하게 만들어 주길 바라는 마음을 담고 있어요. 해치를 서울시의 수호신으로 삼은 셈
이지요. 싱가포르의 상징인 '머라이언(머리는 사자, 몸은 물고기의 모습을 한 상상 속 동물)'이나 베를
　　　　　　　　　　　　　　　싱가포르의 상징
린의 상징인 '곰'처럼 '서울' 하면 '해치'가 떠오르게 하는 것이 서울시의 목표라고 합니다.
　베를린의 상징　　　　　　　　　　　　　　　　　　　　　　　　　　　▶ 서울시의 상징인 해치

글을 이해해요

✓ 자기 평가

본문 49쪽

01 (중심 낱말 찾기)

곰   맹 수   (해 치)   머 라 이 언

○ ✕

02 (내용 이해)

1 ✕   **2** ○   **3** ○

○ ✕

03 (내용 이해)

서울   베를린   싱가포르

○ ✕

04 (중심 내용 쓰기)

서울시를 상징하는 전 설 속 동물인 해 치 는 예부터 우리나라에서 신성하고 정의로운 동물로 여겨졌다.

○ ✕

02 **1** 1문단을 보면 해치를 사납고 무서운 동물로 여긴 것은 중국과 일본이라고 했어요. 우리나라에서는 해치를 친근하고 정의로운 동물로 여겼어요.
2 2문단을 보면 우리나라에서 해치는 선악을 판단하는 동물이라고 했어요.
3 1문단을 보면 해치는 화재나 재앙을 물리치는 신성한 동물로 여겨졌기 때문에 궁궐 입구에 해치 조각상을 세웠다고 했어요.

03 3문단에서 서울시의 상징은 해치, 싱가포르의 상징은 머리는 사자, 몸은 물고기의 모습을 한 머라이언, 베를린의 상징은 곰이라고 했어요.

04 이 글은 전설 속 동물인 해치에 대해 설명하고 있어요. 다른 나라와 달리 우리나라에서는 해치를 신성하고 정의로운 동물로 여겨 궁궐 입구에 해치의 조각상을 세워두기도 했어요. 그리고 오늘날 해치는 서울시의 상징이에요.

어휘를 익혀요

본문 50~51쪽

01 **1** ㄱ   **2** ㄹ   **3** ㄷ   **4** ㅁ   **5** ㄴ   **02** **1** 신성   **2** 맹수   **3** 공정

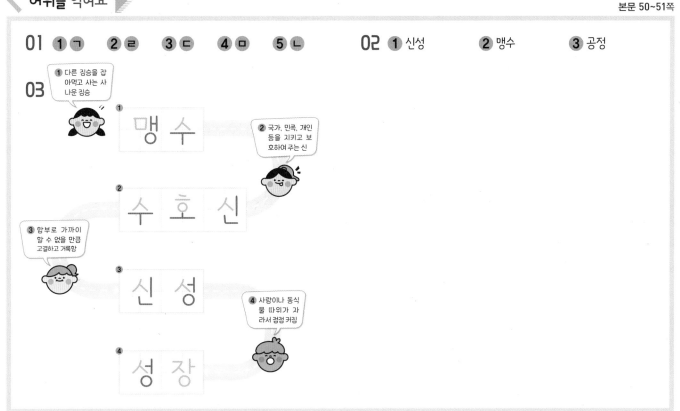

03

1 다른 짐승을 잡아먹고 사는 사나운 짐승
맹 수

2 국가, 민족, 개인 등을 지키고 보호하여 주는 신
수 호 신

3 함부로 가까이 할 수 없을 만큼 고결하고 거룩함
신 성

4 사람이나 동식물 따위가 자라서 점점 커짐
성 장

11 어떤 색의 음식이 필요해?

본문 56쪽

> **코칭 Tip** 이 글은 음식의 색에 따른 효능에 대해 설명하는 글입니다. 다섯 가지 색의 음식이 우리 몸에 미치는 효능에 대해 이해하며 글을 읽을 수 있도록 합니다.

◆ 이 글은 무엇에 따른 효능에 대해 설명하고 있는지 색칠해요.
◆ 다섯 가지 색의 음식이 우리 몸에 미치는 효능에 대해 각각 밑줄을 그어요.

1 음식은 크게 '빨간색, 노란색, 검은색, 초록색, 흰색'의 다섯 가지 색으로 나눌 수 있어요. 음식은 색에 따라 우리 몸에 조금씩 다르게 도움을 준답니다. 음식의 색에 따른 효능을 알아볼까요?
　　　　　　　　　　　　　중심 소재　　　　　　　　　　　▶ 크게 다섯 가지 색으로 나뉘는 음식

2 우선 빨간색 음식은 피를 맑고 깨끗하게 만들어요. 그래서 토마토, 대추, 오미자 같은 음식은 심
　　　　　빨간색 음식의 효능

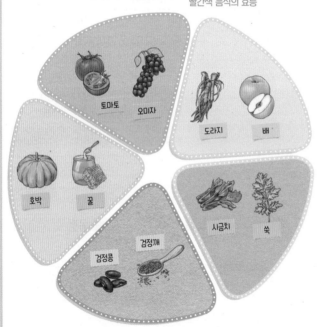

장에 생기는 병을 예방해 주지요. 노란색 음식은
　　　　　　　　　　　　　　노란색 음식의 효능
위를 튼튼하게 해 줘요. 소화가 잘 되지 않을 때에는 호박죽이나 노란 벌꿀을 먹어 보세요. 검은색 음식은 노화를 예방하고, 병을 막는 힘을 높여 줘
　　　　　검은색 음식의 효능
요. 검정콩은 몸속의 독을 없애 주고, 검정깨는 뇌 기능을 높여 어린이에게 특히 좋답니다. 초록색 음식에 들어 있는 엽록소는 간과 쓸개를 건강하게
　　　　　　　　초록색 음식의 효능
해요. 피곤할 때 시금치, 쑥, 양배추를 먹으면 몸이 생생해져요. 마지막으로 흰색 음식은 폐와 기
　　　　　　　　　　　흰색 음식의 효능
관지를 건강하게 해요. 기침이 심할 때에는 도라지, 배, 무를 넣어 만든 음식을 먹으면 좋아요.
　　　　　　　　　　　　　　　　　▶ 다섯 가지 색의 음식별 효능

3 이처럼 음식은 색에 따라 우리 몸에 미치는 효능이 달라요. 그러니 한 가지 색의 음식만 먹기보다는 다양한 색의 음식을 골고루 먹어야 몸 구석구석이 건강해질 거예요. ▶ 다양한 색의 음식을 골고루 먹어야 하는 이유
　　음식의 색에 따라 효능이 다르기 때문에

글을 이해해요

☑ 자기 평가

본문 57쪽

01 (중심 낱말 찾기)

노 화   소 화   신 장   [음 식]

⭕ ❌

02 (내용 이해)

1 ✕   **2** ⭕

⭕ ❌

03 (내용 이해)

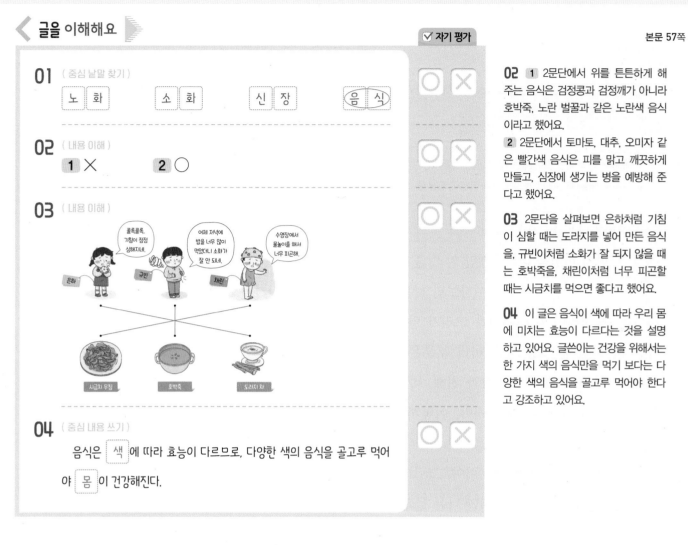

콜록콜록, 기침이 점점 심해지네. (은하)

어제 저녁에 밥을 너무 많이 먹었더니 소화가 잘 안 되네. (규빈)

수영장에서 물놀이를 해서 너무 피곤해. (채린)

시금치 무침   호박죽   도라지차

⭕ ❌

04 (중심 내용 쓰기)

음식은 [색] 에 따라 효능이 다르므로, 다양한 색의 음식을 골고루 먹어야 [몸] 이 건강해진다.

⭕ ❌

02 **1** 2문단에서 위를 튼튼하게 해 주는 음식은 검정콩과 검정깨가 아니라 호박죽, 노란 벌꿀과 같은 노란색 음식이라고 했어요.
2 2문단에서 토마토, 대추, 오미자 같은 빨간색 음식은 피를 맑고 깨끗하게 만들고, 심장에 생기는 병을 예방해 준다고 했어요.

03 2문단을 살펴보면 은하처럼 기침이 심할 때는 도라지를 넣어 만든 음식을, 규빈이처럼 소화가 잘 되지 않을 때는 호박죽을, 채린이처럼 너무 피곤할 때는 시금치를 먹으면 좋다고 했어요.

04 이 글은 음식이 색에 따라 우리 몸에 미치는 효능이 다르다는 것을 설명하고 있어요. 글쓴이는 건강을 위해서는 한 가지 색의 음식만을 먹기 보다는 다양한 색의 음식을 골고루 먹어야 한다고 강조하고 있어요.

어휘를 익혀요

본문 58~59쪽

01 **1** ㄱ   **2** ㅁ   **3** ㄹ   **4** ㄷ   **5** ㄴ

02 **1** 효능   **2** 노화   **3** 예방

03

골	독	빨	간	색
고	기	관	지	깔
루	배	능	예	피
폐	건	강	방	음
도	라	지	배	식

1 두루두루 빼놓지 아니하고

골 고 루

2 몸과 마음이 아무 탈이 없고 튼튼함

건 강

3 하는 구실이나 작용을 함. 또는 그런 것

기 능

4 숨 쉬는 공기가 가슴 위쪽에서 갈라져서 양쪽의 허파로 통하는 부분

기 관 지

12 비누는 어떻게 때를 뺄까

코칭 Tip 이 글은 비누로 때를 빼는 방법에 대해 설명하는 글입니다. 비누 입자의 특징과 비누로 때를 빼는 과정을 이해하며 글을 읽을 수 있도록 합니다.

◆ 몸이나 옷의 때를 씻어 내는 데 쓰이는 게 무엇인지 해당하는 낱말에 색칠해요.

◆ 비누로 때를 빼는 과정을 설명하는 부분에 밑줄을 그어요.

1 안녕? 나는 비누야. 너희 몸과 옷의 때를 씻어 내는 데 쓰이지. 지금부터 내가 때를 어떻게 없애
중심 소재   비누의 쓰임
는지, 나만의 비법을 너희에게만 알려 줄게.   ▶ 몸과 옷의 때를 씻어 내는 비누

2 내 속을 아주 자세히 들여다보면 나는 무수히 많은 작은 입자들로 이루어져 있어. 이 입자 하나

하나는 큰 머리에 길고 두꺼운 꼬리가 달린 모
               비누 입자의 모양
양을 하고 있지. 그중 둥근 머리 부분은 물과
                  비누 입자의 특징
친하고, 긴 꼬리 부분은 기름과 친해. 바로 이

특징을 이용해서 때를 빼는 거야. 어떻게 하냐

고?

▶ 비누 입자의 모양과 특징

3 대부분의 때는 기름 성분이야. 그런데 물과 기름은 잘 섞이지 않지. 그래서 물로만 빨래를 하면
                                    물로만 빨래를 하면 때가 안 빠지는 이유
때가 물에 잘 녹지 않아. 하지만 나는 물과 기름 둘 다와 친해. 나로 빨래를 하면 비누 입자에서 물과

친한 머리 부분은 물 쪽으로 향하고, 기름과 친한 꼬리 부분은 때에 달라붙어. 그 후에 여러 비누 입자
                                비누로 때를 빼는 과정 ①
들이 때를 둘러싸서 잡아당기면 옷에서 때가 빠지지. 그렇게 비누 입자들과 때가 함께 물에 떠 있다가
          비누로 때를 빼는 과정 ②   비누로 때를 빼는 과정 ③
씻겨 내려가는 거야. 어때? 내 비법, 잘 알겠니?

▶ 비누로 때를 빼는 과정

  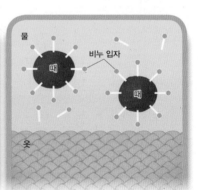

글을 이해해요

✔ 자기 평가

본문 61쪽

01 (중심 낱말 찾기)

| 옷 | | 기 | 름 | | 비 | 누 | | 빨 | 래 |

○ ✕

02 (내용 이해)

[물 / <u>기름</u>]과 친한 부분   [<u>물</u> / 기름]과 친한 부분

○ ✕

03 (내용 이해)

내가 때를 빼는 방법은 다음과 같아.

1단계 비누 입자에서 물과 친한 부분이 때에 달라붙어.   ✓
2단계 때에 달라붙은 비누 입자가 때를 둘러싸서 당겨.   ☐
3단계 옷에서 떨어져 나온 때를 비누 입자가 둘러싸고 있다가 물에 함께 씻겨 내려가.   ☐

○ ✕

04 (중심 내용 쓰기)

비누 입자의 [머][리] 부분은 물과 친하고, 꼬리 부분은 [기][름]과 친하다. 그래서 비누로 빨래를 하면 비누의 [꼬][리] 부분이 기름 성분인 때에 달라붙어 때가 빠지게 된다.

○ ✕

02 2문단에서는 비누 입자의 모양과 특징에 대해 설명하고 있어요. 비누 입자의 둥근 머리 부분은 물과 친하고, 긴 꼬리 부분은 기름과 친해요.

03 3문단을 살펴보면 비누로 빨래를 할 때 비누 입자에서 물과 친한 머리 부분이 때에 달라붙는 게 아니라 기름과 친한 꼬리 부분이 때에 달라붙는다고 했어요.

(이럴 땐 이렇게!) 비누가 때를 빼는 과정을 쉽게 이해하려면 지문 맨 아래쪽에 있는 그림을 봐 주세요. 비누 입자가 때에 어떤 영향을 끼치는지 그림으로 설명하고 있어요.

04 이 글은 비누 입자의 특징을 통해 비누가 옷에 붙은 때를 어떻게 빼는지를 설명하고 있어요. 비누 입자의 머리 부분은 물과 친하고, 꼬리 부분은 기름과 친해요. 그래서 비누로 빨래를 하면 비누의 꼬리 부분이 기름 성분인 때에 달라붙어 때가 빠지게 돼요.

어휘를 익혀요

본문 62~63쪽

01 ① ㅁ   ② ㄱ   ③ ㄷ   ④ ㄴ   ⑤ ㄹ

02 ① 무수히   ② 비법   ③ 입자

03

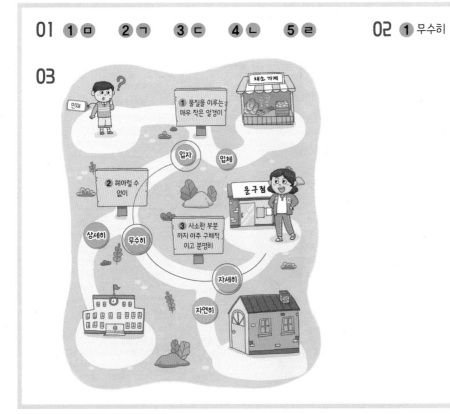

13 코딱지는 왜 생길까

코칭 Tip 이 글은 코딱지가 생기는 이유에 대해 설명하는 글입니다. 코딱지가 생기는 이유와 코딱지를 올바르게 제거하는 방법을 이해하며 글을 읽을 수 있도록 합니다.

◆ 먼지나 세균이 코 안쪽 벽의 점액과 함께 굳어진 게 무엇인지 색칠해요.

◆ 코딱지가 생기는 이유를 설명하는 부분에 밑줄을 그어요.

---

1 먼지가 많은 날, 자기도 모르게 콧속으로 손가락을 집어넣게 되지 않나요? 코딱지를 파기 위해
<small>중심 소재</small>
서 말이죠. 우리가 더럽게 여기는 코딱지는 왜, 그리고 어떻게 생기는 걸까요?
▶ 코딱지가 생기는 것에 대한 의문 제기

2 코안에는 코털이 수북이 나 있어요. 그리고 코가 마르지 않도록 끈끈한 점액이 나오지요. 코털과
<small>코안에 있는 것 ①</small> <small>코안에서 점액이 나오는 이유</small> <small>코안에 있는 것 ②</small>
점액은 서로 힘을 합쳐서 공기 속에 있는 먼지 알갱이가 우리 몸에 들어오지 못하도록 먼지 알갱이를
걸러 주는 역할을 해요. 마치 공기 청정기의 필터와 비슷하죠? 그럼 코털과 점액이 어떻게 우리 몸을
<small>코털과 점액의 역할</small>
먼지로부터 지켜 주는지 자세히 살펴봐요.
▶ 코털과 점액의 역할

3 코털에는 끈적끈적한 점액이 묻어 있어요. 그래서 코 안으로 들어오는 먼지를 잡아 둘 수 있지
요. 코털이 거르지 못한 아주 작은 먼지 알갱이나 세균은 코 안쪽 벽의 점액에 찰싹 붙어요. 이 점액
<small>코딱지가 생기는 이유</small>
은 점점 딱딱하게 굳는데, 그게 바로 코딱지랍니다.
▶ 코딱지가 생기는 이유

4 그런데 이 코딱지를 너무 심하게 파면 코 건강에 좋지 않아요. 손가락으로 코를 파면 손에 묻은
<small>손가락으로 코를 파면 안 되는 이유 ①</small>
세균이 콧속으로 들어갈 수 있고, 손톱이 코 안의 피부에 상처를 낼 수도 있거든요. 코딱지를 빼내고
<small>손가락으로 코를 파면 안 되는 이유 ②</small>
싶다면 『깨끗한 면봉에 식염수나 깨끗한 물을 충분히 적셔서 콧구멍의 입구 쪽을 살살 문질러 주세요.』
<small>『 』: 코딱지를 올바르게 제거하는 방법</small>
그러면 딱딱했던 코딱지가 식염수에 불어나 부드러워지면서 코딱지를 쉽게 빼
낼 수 있답니다.
▶ 코딱지를 올바르게 제거하는 방법

뭐야! 코털에 걸렸잖아!

이런! 점액에 달라붙어 버렸어.

글을 이해해요

01 (중심 낱말 찾기)

| 먼 지 | 세 균 | 코 털 | (코 딱 지) |

○ ✕

---

02 (내용 이해)

1 코털, 점액 　　**2** 코딱지

○ ✕

---

03 (내용 이해)

> 코딱지가 생겨서 답답할 때에는 어떻게 해야 할까요?

☐ **지수**: 코딱지가 붙은 코털을 뽑아내요.
☐ **용현**: 코딱지가 잘 안 나오면 손가락을 깊숙이 넣어서 코딱지를 파내요.
☑ **다희**: 깨끗한 면봉에 식염수를 적셔서 콧구멍 입구 쪽을 살살 문질러요.

○ ✕

---

04 (중심 내용 쓰기)

코딱지는 [코][털]이 거르지 못한 먼지 알갱이나 [세][균]이 코 안쪽 벽의 [점][액]과 붙어 딱딱하게 굳어서 생긴 것이다.

○ ✕

---

02 **1** 2문단을 살펴보면 코털과 점액은 우리 몸에 들어오는 먼지를 막아 주는 역할을 한다고 했어요.
2 3문단을 살펴보면 코털이 거르지 못한 먼지가 코 안쪽 벽의 점액에 붙어 굳은 것을 코딱지라고 했어요.

03 4문단에서는 코딱지를 빼내는 올바른 방법에 대해 설명하고 있어요. 코딱지는 손가락으로 파내면 안 되고 깨끗한 면봉에 식염수나 깨끗한 물을 충분히 적셔서 콧구멍의 입구 쪽을 살살 문질러 주어야 해요. 따라서 질문에 가장 알맞은 대답을 한 사람은 다희예요.

04 이 글은 코딱지가 생기는 이유에 대해 설명하고 있어요. 코털과 점액은 먼지 알갱이나 세균을 거르는 역할을 하는데, 여기서 거르지 못한 먼지 알갱이나 세균이 점액과 붙어 딱딱하게 굳은 것을 코딱지라고 해요.

어휘를 익혀요

01 **1** ㅁ　**2** ㄷ　**3** ㄹ　**4** ㄴ　**5** ㄱ

02 **1** 점액　**2** 필터　**3** 식염수

03

찰	먼	세	균	털
딱	붇	지	싹	점
식	코	다	수	액
염	필	터	북	입
수	알	갱	이	구

1 작고 동그랗고 단단한 물질
[알][갱][이]

2 물에 젖어서 부피가 커지다.
[붇][다]

3 식물이나 털 등이 촘촘하고 길게 나 있는 상태로
[수][북][이]

4 몸이 단 하나의 세포로 이루어진 아주 작은 미생물
[세][균]

14 나뭇가지에서 동전이

◆ 옛날에 사용하던 동전의 이름에 색칠해요.

◆ 거푸집으로 동전을 만드는 과정에 밑줄을 그어요.

❶ 이 그림은 동전이 열리는 신기한 나무처럼 보이지요? 사실 이것은 사람이
_{그림을 먼저 제시하여 소재에 대한 흥미를 유발함}
거푸집으로 동전을 만들 때 생긴 것이에요. '거푸집'이란 만들려는 물건의 모양
_{거푸집의 의미}
대로 속을 비워 놓고, 그 공간에 녹인 쇠붙이를 부어서 원하는 모양으로 굳히기
위한 틀을 말해요.   ▶ 거푸집의 의미

❷ 옛날에는 동전을 만들 때 나뭇가지 모양으로 거푸집을 만들어서 한 번에 많은 동전을 만들었어
요. 아래 그림처럼 동전 모양으로 파진 부분들이 서로 이어지도록 거푸집에 홈을 파고, 그 홈에 쇳물
을 부어요. 쇳물이 굳으면 거푸집에서 나뭇가지 모양의 금속 덩어리를 뺀 뒤, 붙어 있는 동전을 뜯어
_{동전을 만드는 과정 ②}   _{동전을 만드는 과정 ③}
내지요. 뜯어낸 동전을 다듬으면 여러 개의 동전이 만들어진답니다.
                                                              ▶ 동전을 만드는 과정

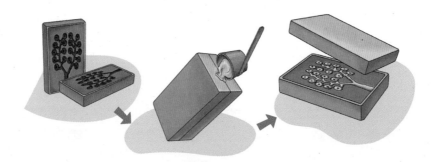

❸ 이렇게 만든 동전을 '엽전(葉錢)'이라고 불렀어요. 엽전의 '엽(葉)'은 '잎'이라는 뜻을 가진 한자예
_{중심 소재}
요. 동전을 떼어 내기 전 금속 덩어리의 모습이 마치 나뭇가지에 달린 잎사귀 같다고 해서 붙은 이름
_{엽전이라는 이름의 유래}
이지요. 이 엽전의 모양은 바깥은 둥글고, 안에는 네모난 구멍이 뚫려 있어요. 옛날 사람들은 하늘이
둥글고 땅이 네모나다고 생각했기 때문에, 하늘과 땅의 모양을 본떠 엽전을 만든 것이랍니다.
_{엽전 모양의 유래}
                                                          ▶ 엽전 이름과 모양의 유래

글을 이해해요

01 (중심 낱말 찾기)

금 속 　 나 무 　 (엽 전) 　 쇠 붙 이

○ ✕

02 (내용 이해)

❶ 쇳물 　 ❷ 동전

○ ✕

03 (내용 이해)

③

○ ✕

04 (중심 내용 쓰기)

옛날에는 나뭇가지 모양의 거 푸 집 으로 동전을 만들었다. 동전을 떼어 내기 전 금속 덩어리의 모습이 나뭇가지에 달린 잎사귀 같아서 엽 전 이라고 불렀다.

○ ✕

02 2문단을 살펴보면 엽전을 만들기 위해서는 먼저 나뭇가지 모양의 거푸집에 홈을 파고, 그 홈에 쇳물을 부어야 해요. 쇳물이 굳으면 금속 덩어리에 붙어 있는 동전을 뜯어내요.

03 3문단을 살펴보면 엽전은 동전을 떼어 내기 전 금속 덩어리의 모습이 마치 나뭇가지에 잎사귀가 달린 모습 같아서 붙은 이름이라고 했어요.

(오답 풀이)

① 2문단을 살펴보면 동전을 만들기 위해서는 거푸집 홈에 쇳물을 붓는다고 했어요. 따라서 엽전을 만들 때는 나뭇잎이 아니라 금속을 사용해서 만든다는 것을 알 수 있어요.

② 동전 보관 방법은 제시되어 있지 않아요.

04 이 글은 거푸집으로 동전을 만드는 과정과 그 동전을 엽전이라고 부르는 이유에 대해 설명하고 있어요. 옛날에는 나뭇가지 모양의 거푸집으로 동전을 만들었고, 동전을 떼어 내기 전 금속 덩어리의 모습이 나뭇가지에 달린 잎사귀 같아서 엽전이라고 불렀어요.

어휘를 익혀요

01 ❶ ㄷ　❷ ㄱ　❸ ㄴ　❹ ㅁ　❺ ㄹ　　**02** ❶ 홈　❷ 쇠붙이　❸ 거푸집

03 (1)　　　　　　　　　　　　　　(2)

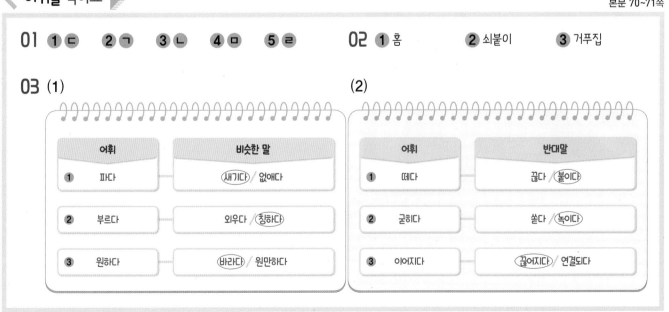

어휘	비슷한 말
❶ 파다	(새기다) / 없애다
❷ 부르다	외우다 / (칭하다)
❸ 원하다	(바라다) / 원만하다

어휘	반대말
❶ 떼다	끊다 / (붙이다)
❷ 굳히다	쏟다 / (녹이다)
❸ 이어지다	(끊어지다) / 연결되다

15 콜럼버스의 달걀

> **코칭Tip** 이 글은 콜럼버스의 달걀에 대한 이야기입니다. 신대륙을 발견한 콜럼버스의 업적을 무시하는 사람들에게 콜럼버스가 달걀 세우기 내기를 통해 말하고자 한 바가 무엇인지 이해하며 글을 읽을 수 있도록 합니다.

◆ 콜럼버스가 사람들과 한 내기에 사용한 물건에 색칠해요.

◆ 콜럼버스가 달걀을 세운 방법이 드러난 부분에 밑줄을 그어요.

---

1 옛날 이탈리아의 탐험가 콜럼버스가 아메리카 대륙을 발견하고 돌아오자, 마을 사람들은 그를
<small>이탈리아 출신으로 에스파냐에서 활동한 탐험가(1451~1506)</small>
영웅처럼 환영하며 반겼어요. 그리고 콜럼버스의 신대륙 발견을 축하하기 위해 큰 잔치를 벌였지요.
<small>당시 유럽인들에게는 미지의 영역이었던 신대륙을 발견해서</small>
잔치에 모인 이들은 너도나도 콜럼버스의 업적을 칭찬했지만, 그중 몇몇은 콜럼버스를 시샘하며 수
<small>신대륙 발견</small>
군거렸어요.

『"그깟 신대륙을 발견한 게 뭐가 대단하다고들 난리야."
<small>『 』: 콜럼버스의 업적을 무시하는 사람들</small>
"맞아, 그냥 서쪽으로만 배를 몰고 가면 되는데 그걸 누가 못해?"』 ▶ 신대륙을 발견하고 돌아온 콜럼버스

2 그러자 콜럼버스가 자리에서 일어나 식탁 위에 놓인 달걀을 집어 들고 말했어요.
<small>중심 소재</small>

"자, 누가 이 달걀을 똑바로 세울 수 있겠소?"

사람들은 앞다투어 달걀을 세워 보려고 시도했지만, 달걀을 세운 사람은 아무도 없었어요. 그때 콜
럼버스가 달걀 한쪽을 살짝 깨뜨려 식탁 위에 세웠어요. 콜럼버스가 달걀을 세운 모습을 보고 누군가
<small>콜럼버스가 달걀을 세운 방법</small>
비웃으며 말했어요.

"그건 어린애라도 할 수 있겠소."
▶ 사람들과 달걀 세우기 내기를 한 콜럼버스

3 그 말을 들은 콜럼버스는 이렇게 말했답니다.

"그렇소. 방법만 알면 누구나 쉽게 따라 할 수 있
소. 하지만 여기 모인 누구도 이 방법을 생각해 내
지 못하지 않았소? 새로운 땅을 찾아나서는 모험
도 이와 마찬가지요. 누군가를 따라 하는 것은 쉬
운 일이나 무슨 일이든 생각을 달리하여 처음 시
<small>상식을 뛰어넘은 새로운 생각이나 행동을 시도하는 것의 어려움</small>
작하는 것은 쉬운 일이 아니오."

콜럼버스를 비웃던 사람들은 아무 말도 하지 못했어요. ▶ 남들이 생각하지 못한 방법으로 달걀을 세운 콜럼버스

글을 이해해요

✓ 자기 평가

본문 73쪽

01 (중심 낱말 찾기)

배　　ⓐ 달 갈 　　 식 탁 　　 신 대 륙

○ ✕

02 (내용 이해)

③

○ ✕

03 (내용 이해)

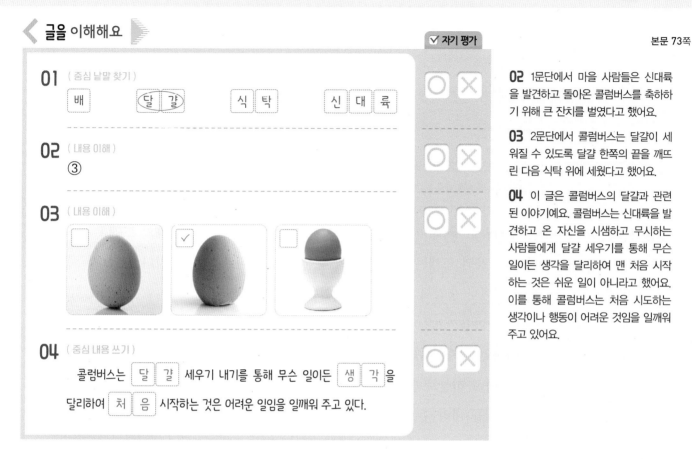

○ ✕

04 (중심 내용 쓰기)

콜럼버스는 　달 갈　 세우기 내기를 통해 무슨 일이든 　생 각　을 달리하여 　처 음　 시작하는 것은 어려운 일임을 일깨워 주고 있다.

○ ✕

02 1문단에서 마을 사람들은 신대륙을 발견하고 돌아온 콜럼버스를 축하하기 위해 큰 잔치를 벌였다고 했어요.

03 2문단에서 콜럼버스는 달걀이 세워질 수 있도록 달걀 한쪽의 끝을 깨뜨린 다음 식탁 위에 세웠다고 했어요.

04 이 글은 콜럼버스의 달걀과 관련된 이야기예요. 콜럼버스는 신대륙을 발견하고 온 자신을 시샘하고 무시하는 사람들에게 달걀 세우기를 통해 무슨 일이든 생각을 달리하여 맨 처음 시작하는 것은 쉬운 일이 아니라고 했어요. 이를 통해 콜럼버스는 처음 시도하는 생각이나 행동이 어려운 것임을 일깨워 주고 있어요.

어휘를 익혀요

본문 74~75쪽

01 ❶ ㄴ　　❷ ㄹ　　❸ ㄱ　　❹ ㅁ　　❺ ㄷ

02 ❶ 업적　　❷ 시샘　　❸ 신대륙

03

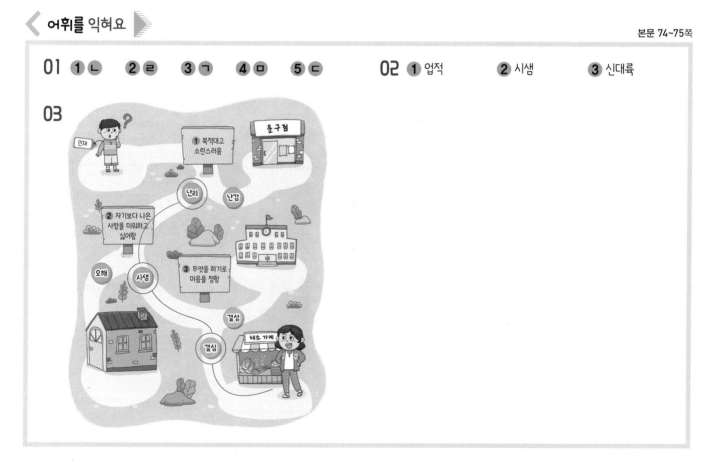

35

16 동양의 용, 서양의 드래곤

코칭Tip 이 글은 동양의 용과 서양의 드래곤에 대해 설명하는 글입니다. 용과 드래곤의 공통점과 차이점을 이해하며 글을 읽을 수 있도록 합니다.

◆ 이 글에서 설명하고 있는 두 동물이 무엇인지 찾아 색칠해요.

◆ 용과 드래곤의 공통점을 설명하는 부분에 밑줄을 그어요.

1 드래곤(dragon)은 우리말로 용(龍)이라고 번역하지만, 사실 동양의 용과 서양의 드래곤은 비슷한 것 같으면서도 다릅니다. 용과 드래곤은 상상 속의 동물이고, 신비로운 힘을 지니고 있다는 공통점이 있지만, 사람들의 인식이나 생김새 등 차이점도 있습니다. 그럼 드래곤과 용에 대해 좀 더 자세히 알아볼까요?
▶ 비슷한 듯 다른 용과 드래곤

2 동양의 용은 거의 신적인 존재입니다. 이무기의 모습으로 물속에서 천년을 수행하다가 여의주를 품고 하늘로 올라가 용이 됩니다. 『용은 물을 다루는 신령스러운 짐승이라서 비를 내려 주는 역할을 합니다. 또 바다를 다스려서 물고기와 파도를 마음대로 다룰 수도 있습니다.』 예로부터 동양 사람들은 용이 나라와 민족, 사람들을 지켜 준다고 믿어서 용을 수호신으로 받들었습니다. 『용의 머리는 말처럼 생겼고, 머리에 달린 뿔은 사슴의 뿔을 닮았습니다. 뱀처럼 긴 몸은 잉어의 비늘로 덮여 있고, 발톱은 매처럼 날카롭습니다.』
▶ 동양의 용에 대한 인식과 용의 생김새

3 서양의 드래곤은 동양의 용과 달리 사람들에게 공포의 대상입니다. 『드래곤은 입에서 불을 뿜어 모든 것을 태워 버리거나 폭풍우를 몰고 올 수 있습니다. 또 사람들이 천국으로 가지 못하게 막기도 합니다.』 그래서 서양 사람들은 드래곤을 사악한 괴물로 여깁니다. 『드래곤은 몸 전체가 단단한 비늘로 덮여 있고, 발톱과 이빨이 날카롭습니다. 전체적인 모습은 도마뱀을 닮았는데, 몸과 발이 무척 큰데다가 꼬리는 깁니다. 박쥐 날개처럼 생긴 큰 날개가 있어서 하늘을 자유롭게 날아다닐 수도 있습니다.』
▶ 서양의 드래곤에 대한 인식과 드래곤의 생김새

글을 이해해요

☑ 자기 평가

01 (중심 낱말 찾기)

(용) | 괴 물 | 드 래 곤 | 이 무 기

◯ ✕

02 (내용 이해)

❶ 상상　　❷ 신비

◯ ✕

03 (내용 이해)

❶ 신　　❷ 공포　　❸ 뱀　　❹ 박쥐

◯ ✕

04 (중심 내용 쓰기)

상상 속 동물인 용과 드래곤은 신비로운 힘을 지녔다는 공통점이 있지만, 동양에서는 용을 수 호 신 으로 여기는 반면에 서양에서는 드래곤을 사악한 괴 물 로 여긴다.

◯ ✕

02 1문단을 보면 용과 드래곤은 상상 속의 동물이고, 신비로운 힘을 지니고 있다고 했어요.

03 2문단을 보면 동양에서 용은 신적인 존재로, 사람들은 용을 수호신으로 받들었어요. 용의 뱀처럼 긴 몸은 잉어의 비늘로 덮여 있으며, 용은 날개는 없지만 하늘을 날아다닐 수 있어요. 3문단을 보면 서양에서 드래곤은 공포의 대상으로, 사악한 괴물로 여겨졌어요. 드래곤은 전체적인 모습은 도마뱀을 닮았는데, 박쥐 날개처럼 생긴 큰 날개가 있어 하늘을 날아다닐 수 있어요.

04 이 글은 용과 드래곤의 공통점과 차이점에 대해 설명하고 있어요. 용과 드래곤은 상상 속의 동물이고 신비로운 힘을 지녔다는 공통점이 있지만, 용은 동양 사람들에게 사람을 지켜 주는 수호신으로 인식되는 반면에 드래곤은 서양 사람들에게 사악한 괴물로 인식돼요.

어휘를 익혀요

01 ❶ ㄱ　❷ ㅁ　❸ ㄹ　❹ ㄷ　❺ ㄴ

02 ❶ 사악　❷ 공포　❸ 수호신

03

❶ 두렵고 무서운 마음이나 감정 → ☐ 공경 / ☑ 공포

❷ 공경하여 모시거나 소중히 대하다. → ☐ 거들다 / ☑ 받들다

❸ 보기에 신기하고 영묘한 데가 있다. → ☐ 감격스럽다 / ☑ 신령스럽다

❹ 국가, 민족, 개인 등을 지키고 보호하여 주는 신 → ☐ 불사신 / ☑ 수호신

❺ 유라시아 대륙의 동부 지역. 아시아의 동부 및 남부를 이름 → ☑ 동양 / ☐ 서양

17 나라마다 다른 국기

코칭 Tip 이 글은 국기의 의미와 독특한 국기를 가진 나라의 국기에 담긴 의미에 대해 설명하는 글입니다. 국기의 의미와 각 나라 국기의 특징을 이해하며 글을 읽을 수 있도록 합니다.

◆ 한 나라를 상징하는 깃발을 무엇이라고 하는지 해당하는 낱말에 색칠해요.

◆ 네팔, 멕시코, 호주 국기의 특징을 설명하는 부분에 밑줄을 그어요.

1 전 세계에는 약 200여 개의 나라가 있고 나라의 수만큼 국기도 다양해요. 국기란 한 나라를 상
　　　　　　　　　　　　　　　　　　　　　중심 소재　　　　　　　　　　　　　　　　국기의 의미
징하는 깃발로, 그 나라의 역사와 문화를 담고 있어요. 독특한 국기를 가진 나라와 국기 안에 담긴 의

미를 알아보도록 해요. ▶ 국기의 의미

2 네팔은 세계에서 유일하게 네모나지 않은 국기를 사용하고 있어요. 위아래 양
　　　　　　　　　　　　네팔 국기의 특징
쪽으로 두 개의 삼각형 모양을 포개어 놓은 형태랍니다. 네팔 국기의 위쪽에는 빛이

뻗어 나오는 초승달이, 아래쪽에는 빛이 뻗어 나오는 태양이 그려져 있어요. 변치

않는 달과 해처럼 오래오래 번영하는 나라가 되기를 바라는 마음이 담겨 있어요.
　　　　　네팔 국기에 담긴 의미 – 국가의 번영을 나타냄　　　　　　　　　▶ 네팔 국기의 특징과 국기에 담긴 의미

3 동물이 들어간 국기를 사용하는 나라도 있어요. 멕시코의 국기 가운데에
　　　　　　　　　　　　　　　　　　　　　멕시코 국기의 특징
는 뱀을 물고 있는 독수리가 그려져 있어요. 멕시코 전설에 따르면, 먼 옛날

신이 나타나 "뱀을 문 독수리가 바위에 뿌리를 내린 선인장 위에 앉아 있는 곳

을 찾아가 도시를 세워라."라고 말했대요. 이후 멕시코의 작은 섬에서 신이 말한 것과 똑같은 장소를
　　　　　　　　　　　　　　　　　　　멕시코 국기에 담긴 의미 – 도시 건설의 기원을 나타냄
발견하고 도시를 세웠는데, 그곳이 현재 멕시코의 수도인 '멕시코시티'라고 해요.

▶ 멕시코 국기의 특징과 국기에 담긴 의미

4 한편 국기 안에 국기가 있는 나라도 있어요. 호주 국기 안에는 영국 국기
　　　　　　　　　　　　　호주 국기의 특징
가 들어 있어요. 이는 옛날에 영국이 호주를 지배한 적이 있기 때문에 이를 국

기에 나타낸 것이랍니다.
　　　　호주 국기에 담긴 의미 – 영국과의 유대 관계를 나타냄
▶ 호주 국기의 특징과 국기에 담긴 의미

글을 이해해요

☑ 자기 평가   본문 85쪽

01 (중심 낱말 찾기)

⬭국 기⬭   깃 발   수 도   전 설

○ ✕

02 (내용 이해)

1 ○   **2** ○   **3** ✕

○ ✕

03 (내용 이해)

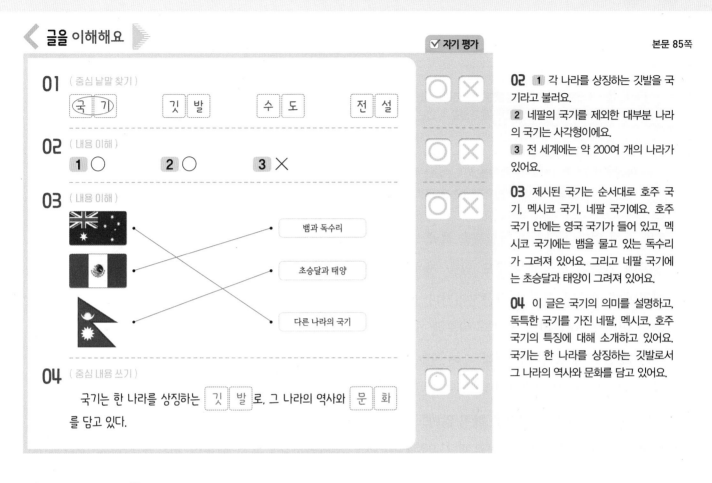

뱀과 독수리

초승달과 태양

다른 나라의 국기

○ ✕

04 (중심 내용 쓰기)

국기는 한 나라를 상징하는 깃 발 로, 그 나라의 역사와 문 화 를 담고 있다.

○ ✕

02 **1** 각 나라를 상징하는 깃발을 국기라고 불러요.

2 네팔의 국기를 제외한 대부분 나라의 국기는 사각형이에요.

3 전 세계에는 약 200여 개의 나라가 있어요.

03 제시된 국기는 순서대로 호주 국기, 멕시코 국기, 네팔 국기예요. 호주 국기 안에는 영국 국기가 들어 있고, 멕시코 국기에는 뱀을 물고 있는 독수리가 그려져 있어요. 그리고 네팔 국기에는 초승달과 태양이 그려져 있어요.

04 이 글은 국기의 의미를 설명하고, 독특한 국기를 가진 네팔, 멕시코, 호주 국기의 특징에 대해 소개하고 있어요. 국기는 한 나라를 상징하는 깃발로서 그 나라의 역사와 문화를 담고 있어요.

어휘를 익혀요

본문 86~87쪽

01 **1** ㄹ   **2** ㄱ   **3** ㄴ   **4** ㄷ   **5** ㅁ

02 **1** 지배   **2** 상징   **3** 번영

03

1 나라나 단체가 잘되어 부유하게 되거나 더욱 커짐

2 유럽 대륙의 북서쪽에 있으며, 잉글랜드, 스코틀랜드, 북아일랜드 등의 섬으로 이루어진 나라

3 한 나라를 상징하는 깃발

4 주로 전기의 힘으로 움직여 어떤 일을 하도록 쇠붙이 등으로 만든 물체

① 번 영

② 영 국

③ 국 기

④ 기 계

39

18 조심해요, 화장품

◆ 이 글에서 조심해서 사용하라고 하는 것이 무엇인지 색칠해요.

◆ 어린이가 화장품을 조심해서 사용해야 하는 이유에 밑줄을 그어요.

➊ 혹시 엄마나 아빠의 화장품을 몰래 발라 본 적이 있나요? 이
중심 소재
질문에 가슴이 뜨끔한 친구도 있을 거예요. 어른들의 화장품을
어린이가 바르면 얼굴이 화끈거리거나 울긋불긋 두드러기가 날
수도 있어요. 어린이의 피부는 어른에 비해 얇고 연약해서 쉽게
어린이가 화장품을 조심해서 사용해야 하는 이유
상처를 입고 두드러기도 생길 수가 있거든요. 그래서 어린이는

▶ 어린이가 화장품을 조심해서 사용해야 하는 이유

화장품을 조심해서 사용해야 해요.

➋ 어린이의 피부는 화장을 하지 않아도 윤기가 나고 깨끗해서 진한 화장을 할 필요가 없어요. 그렇
다면 어린이가 화장품을 올바르게 사용하는 방법은 무엇일까요? 우선 햇빛에 피부가 상하지 않도록
어린이가 화장품을 올바르게 사용하는 방법 ①
선크림을 꼼꼼히 발라야 해요. 또 립스틱이나 아이섀도 같은 색조 화장품은 쓰지 않아야 해요. 어른
어린이가 화장품을 올바르게 사용하는 방법 ②
이 쓰는 화장품에는 파라벤, 합성 계면 활성제, 인공 색소, 합성 향료 등이 들어가 있는 경우가 많은
어른들이 쓰는 화장품에 들어가 있는 성분들
데, 이런 성분들은 피부를 자극해서 여드름이나 피부병이 생기게 해요. 이 성분들이 어른에게는 괜찮
어린이가 어른의 화장품을 쓰면 안 되는 이유
아도 어린이는 피부가 연약해서 더 쉽게 병에 걸리게 할 수 있어요.　▶ 어린이가 화장품을 올바르게 사용하는 방법 ①, ②

➌ 마지막으로 '깨끗' 두 글자를 꼭 기억해야 해요. 화장품은 깨끗하게 사용하고, 깨끗하게 씻는 것
어린이가 화장품을 올바르게 사용하는 방법 ③
이 중요해요. 화장품을 사용하기 전에는 꼭 손을 씻어야 하고, 다 쓴 뒤에는 뚜껑을 잘 닫아 두어야
세균이 생기지 않아요. 또 화장품을 친구와 함께 사용하면 안 돼요. 병균이 옮을 수 있기 때문이죠.
그리고 화장을 하였다면 꼼꼼히 씻어 내야 피부병에 걸리지 않고 깨끗한 피부를 만들 수 있어요.
▶ 어린이가 화장품을 올바르게 사용하는 방법 ③

글을 이해해요

☑ 자기 평가

본문 89쪽

01 (중심 낱말 찾기)

선 크 림   피 부 병   (화 장 품)

○ ✕

02 (내용 이해)

피부

○ ✕

03 (내용 이해)

1 ✕   **2** ○   **3** ○

○ ✕

04 (중심 내용 쓰기)

어린이의 피부는 얇고 연 약 하기 때문에 화 장 품 을 조심해서 사용해야 한다.

○ ✕

02 1문단을 살펴보면 어린이의 피부는 어른에 비해 약하고 연해서 쉽게 상처를 입고 두드러기가 생길 수 있다고 했어요.

03 **1** 3문단을 보면 하나의 화장품을 친구와 함께 사용하면 병균이 옮을 수도 있기 때문에 함께 사용하면 안 된다고 했어요.

2 2문단을 보면 어른들이 사용하는 화장품에 들어간 성분들은 피부에 자극을 주어 어린이가 쉽게 여드름이나 피부병에 걸리게 할 수 있다고 했어요. 따라서 어린이는 어른들이 사용하는 화장품을 사용하지 않는 것이 좋아요.

3 2문단을 보면 햇빛에 피부가 상하지 않도록 선크림을 꼼꼼하게 발라야 한다고 했어요.

04 이 글은 어린이가 화장품을 안전하고 올바르게 사용해야 하는 이유와 그 방법에 대해 설명하고 있어요. 어린이의 피부는 어른보다 얇고 연약하기 때문에 화장품을 조심해서 사용해야 해요.

어휘를 익혀요

본문 90~91쪽

01 **1** ㄹ   **2** ㄴ   **3** ㄱ   **4** ㄷ   **5** ㅁ

02 **1** 옮   **2** 연약   **3** 뜨끔

03 (1)

어휘		비슷한 말
1 꼼꼼하다	—	(치밀하다)/ 치졸하다
2 연약하다	—	강하다 / (여리다)
3 조심하다	—	주목하다 / (주의하다)

(2)

어휘		반대말
1 쉽다	—	(어렵다)/ 만만하다
2 얇다	—	가늘다 / (두껍다)
3 진하다	—	짙다 / (연하다)

19 똥, 어디까지 알고 있니

코칭 Tip 이 글은 동물들의 다양한 똥에 대해 설명하는 글입니다. 동물들 똥의 다양한 쓰임새를 파악하고, 특이한 똥을 누는 동물들을 살펴보며 글을 읽을 수 있도록 합니다.

◆ 이 글에서 더럽기만 한 게 아니라 쓸모가 많다고 한 재료가 무엇인지 색칠해요.
◆ 동물들 똥의 다양한 쓰임새를 알 수 있는 부분에 밑줄을 그어요.

❶ '똥'이라고 하면 사람들은 더럽다고 얼굴부터 찡그립니다. 그런데 똥은 더럽기만 하고 쓸모없는 것일까요? 그렇지 않습니다. 동물들의 똥은 다양한 물건의 재료가 됩니다. 불을 땔 만한 재료가 없는 사막에서는 낙타의 똥을 말려 땔감으로 씁니다. 또한 아프리카의 마사이족은 소의 똥으로 집을 만듭니다. 소똥과 흙을 섞어 만든 벽은 아프리카의 뜨거운 열기를 막고 습도를 조절해 줍니다. 그리고 코끼리의 똥으로 종이를 만들 수도 있고, 코끼리 똥에서 나오는 가스를 모아서 전기를 만들기도 합니다. 심지어 바다에 사는 향유고래의 똥은 향수의 재료로 쓰입니다. 향유고래의 똥에는 향기가 오래 지속되게 만들어 주는 성분이 있어 가격이 무척 비쌉니다. 이처럼 알고 보면 똥은 참 쓸모가 많습니다.
▶ 동물들 똥의 다양한 쓰임새

❷ 똥에 관한 재미있는 사실들을 알면 똥이 더 친숙하게 느껴질 것입니다. 육지 동물 중 가장 큰 동물인 코끼리는 똥을 얼마나 눌까요? 『코끼리는 날마다 250kg쯤 되는 엄청난 양의 풀을 먹는데, 그만큼 똥의 양도 어마어마해서 하루에 50kg, 많게는 100kg의 똥을 눕니다.』 신기한 모양의 똥도 있습니다. 호주에 사는 『웜뱃은 주사위 모양의 네모난 똥을 누고, 이 똥을 벽돌처럼 쌓아 올려 자신의 영역을 표시합니다.』 또 알록달록한 똥을 누는 동물도 있습니다. 『달팽이는 자기가 먹은 것과 같은 색깔의 똥을 누어서 당근을 먹으면 주황색 똥을 누고, 상추를 먹으면 초록색 똥을 눕니다.』 똥, 알고 보면 똥의 주인이 누구인지에 따라 그 특징도 다르고 쓰임새도 참 많습니다. 더럽다고 무시하지 말고 똥에 대해서 잘 알아 두는 것은 어떨까요?
▶ 동물들의 똥에 관한 재미있는 사실들

글을 이해해요

✅ 자기 평가

본문 93쪽

01 (중심 낱말 찾기)

똥   낙 타   달 팽 이   코 끼 리

◯ ✕

02 (내용 이해)

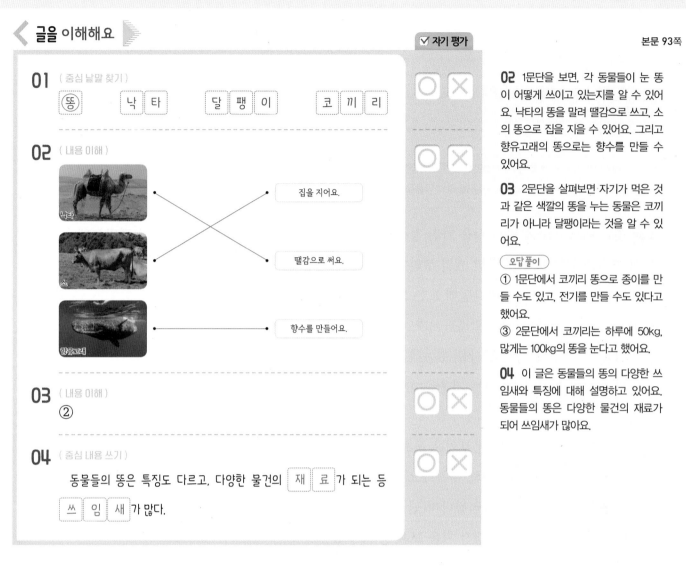

낙타 — 땔감으로 써요.
소 — 집을 지어요.
향유고래 — 향수를 만들어요.

◯ ✕

03 (내용 이해)

②

◯ ✕

04 (중심 내용 쓰기)

동물들의 똥은 특징도 다르고, 다양한 물건의 재 료 가 되는 등
쓰 임 새 가 많다.

◯ ✕

---

02 1문단을 보면, 각 동물들이 눈 똥이 어떻게 쓰이고 있는지를 알 수 있어요. 낙타의 똥을 말려 땔감으로 쓰고, 소의 똥으로 집을 지을 수 있어요. 그리고 향유고래의 똥으로는 향수를 만들 수 있어요.

03 2문단을 살펴보면 자기가 먹은 것과 같은 색깔의 똥을 누는 동물은 코끼리가 아니라 달팽이라는 것을 알 수 있어요.

오답풀이
① 1문단에서 코끼리 똥으로 종이를 만들 수도 있고, 전기를 만들 수도 있다고 했어요.
③ 2문단에서 코끼리는 하루에 50kg, 많게는 100kg의 똥을 눈다고 했어요.

04 이 글은 동물들의 똥의 다양한 쓰임새와 특징에 대해 설명하고 있어요. 동물들의 똥은 다양한 물건의 재료가 되어 쓰임새가 많아요.

어휘를 익혀요

본문 94~95쪽

01 ❶ ㄴ   ❷ ㄷ   ❸ ㅁ   ❹ ㄹ   ❺ ㄱ

02 ❶ 습도   ❷ 친숙   ❸ 무시

03

❶ 뜨거운 기운 — ✅ 열기 / ☐ 한기
❷ 쓸 만한 가치가 없다. — ✅ 쓸모없다 / ☐ 유익하다
❸ 물기를 다 날려서 없애다. — ✅ 말리다 / ☐ 축이다
❹ 어떤 상태가 오래 계속되다. — ☐ 접속되다 / ✅ 지속되다
❺ 물건을 만드는 데 바탕으로 사용하는 것 — ☐ 사료 / ✅ 재료

20 거울 속에는

> 코칭 Tip 이 글은 거울을 처음 본 박 씨 부부와 사또의 이야기입니다. 난생처음 거울을 본 등장인물들의 반응을 살피며 글을 읽을 수 있도록 합니다.

◆ 부인이 박 씨에게 사 오라고 한 것이 무엇인지 색칠해요.

◆ 거울을 본 박 씨 부인과 박 씨의 반응에 각각 밑줄을 그어요.

---

1 옛날 어느 마을에 박씨 성을 가진 장사꾼이 살았습니다. 박 씨는 장터에서 그릇을 팔았는데 늘 손님이 없었습니다. 보다 못한 박 씨의 부인은 한양에 가서 장사를 하라고 했습니다.

"한양에는 귀한 거울도 판다던데 오는 길에 거울 하나 사 와요."
<u>중심 소재</u>　　　　　　　　　　　　　　　　<u>부인의 부탁</u>
라고 박 씨 부인은 남편에게 말했습니다. ▶ 한양으로 장사하러 가는 박 씨에게 거울을 사 달라고 부탁하는 부인

2 박 씨는 한양에 가서 장사를 했는데, 이번에는 장사가 아주 잘 되었습니다. 집에 돌아가기 전에 부인의 부탁이 떠오른 박 씨는 거울을 하나 샀습니다. 박 씨는 집에 돌아와 부인에게 거울을 내밀었
<u>거울을 사 오라는 부탁</u>
습니다. ▶ 한양에서 거울을 사 온 박 씨

3 난생처음 거울을 보게 된 부인은 웃으며 거울을 들여다보았습니다.
　　　　<u>거울을 보고 다른 사람이 나타났다고 생각한 이유</u>
"에구머니, 이 여자는 도대체 누구예요?"
　　<u>거울에 비친 박 씨 부인의 모습</u>
부인은 박 씨가 여자를 데려왔다며 난리를 피웠습니다. 박 씨는 놀라 거울을 뺏었습니다. 그런데
　　　　<u>거울을 본 박 씨 부인의 반응</u>
웬일이랍니까. 거울 속에는 생전 처음 보는 남자가 있었습니다.
　　　　　　　　　　<u>거울에 비친 박 씨의 모습</u>
"아니, 이 남자는 누구요?"

박 씨도 부인이 낯선 남자를 데려왔다며 노발대발 야단이 났습니다. 두 사람은 싸우다 해결이 되지
　　　　<u>거울을 본 박 씨의 반응</u>
않자 사또를 찾아 갔습니다. ▶ 거울에 비친 자신들의 모습을 보고 싸우다 사또를 찾아간 박 씨와 박 씨 부인

4 "거울을 달라. 내가 자세히 살펴보마."

사또가 말했습니다. 그런데 거울을 받아든 사또의 얼굴이 갑자기 어두워졌습니다.

'이럴 수가. 나 말고도 사또가 있다니. 우리 고을에 새로운 사또가 왔구나.'
　　　　　　　　　　　　　<u>거울에 비친 사또의 모습</u>
사또는 『'이제 새로운 사또가 왔으니 자기
　　　　　　　『 』: 거울을 본 사또의 반응
는 고을을 떠나야 한다고 생각하여 박 씨

부부를 남겨 두고는 사라져 버렸습니다.』
　　　▶ 거울 속 자신을 보고 새로운 사또가 왔다고 생각하여 떠난 사또

글을 이해해요

✓ 자기 평가

본문 97쪽

01 (중심 낱말 찾기)

⟨거 울⟩　　부 탁　　장 사　　한 양

○ ✕

02 (내용 이해)

① 여자　　② 남자

○ ✕

03 (내용 이해)

사또

○ ✕

04 (중심 내용 쓰기)

거울을 처음 본 박 씨 부부와 사또는 거 울 에 비친 자신들의 모습을 다 른 사람으로 오해하였다.

○ ✕

02 3문단을 보면 생전 처음 거울을 본 부인은 거울에 비친 자신을 보고 박 씨가 여자를 데려왔다며 난리를 피웠고, 처음 거울을 본 박 씨 역시 거울에 비친 자신을 보고 부인이 낯선 남자를 데려왔다며 노발대발 야단이 났어요.

03 4문단에서 거울을 받아든 사또는 거울에 비친 자신을 보고 고을에 자신 말고도 새로운 사또가 왔다고 생각하여 갑자기 얼굴이 어두워졌어요.

04 이 글은 거울을 생전 처음 본 박 씨 부부와 사또가 거울에 비친 자신들의 모습을 다른 사람으로 오해한 이야기예요. 박 씨 부부는 서로 낯선 사람들을 데리고 왔다며 싸웠고, 사또는 거울 속 자신의 모습을 보고 새로운 사또가 왔다고 생각해 고을을 떠나고 말았어요.

어휘를 익혀요

본문 98~99쪽

01 ① ㅁ　② ㄱ　③ ㄷ　④ ㄹ　⑤ ㄴ　　**02** ① 장터　② 난리　③ 노발대발

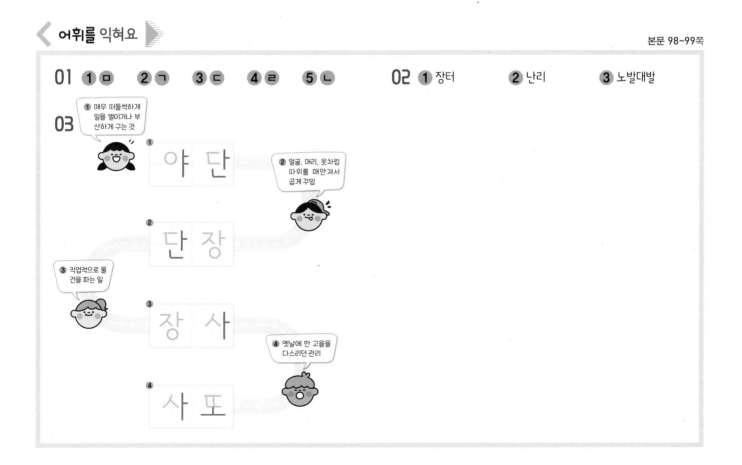

03

① 매우 떠들썩하게 일을 벌이거나 부산하게 구는 것

① 야 단

② 얼굴, 머리, 옷차림 따위를 매만져서 곱게 꾸밈

② 단 장

③ 직업적으로 물건을 파는 일

③ 장 사

④ 옛날에 한 고을을 다스리던 관리

④ 사 또

실력 확인

△ 글의 문단별 내용을 정리하고 주제를 써 보아요.

01 봄꽃을 찾아라

본문 8쪽

1문단 봄 꽃 에 대한 소개

2문단 봄꽃의 종류 ①: 벚 꽃 의 특징

3문단 봄꽃의 종류 ②: 민 들 레 꽃 의 특징

4문단 봄꽃의 종류 ③: 유 채 꽃 의 특징

✏️주제 우리나라에서 피는 봄 꽃

02 동물들의 특징이 궁금해

본문 12쪽

1문단 바 실 리 스 크 도 마 뱀 의 특징

2문단 백 곰 의 특징

✏️주제 바실리스크 도마뱀과 백곰의 특 징

03 상황에 맞는 말

본문 16쪽

1문단 준영이 아버지에게 반 말 을 한 도하

2문단 도하에게 존 댓 말 에 대해 설명해 주시는 준영이 아버지

3문단 한국말을 어려워하는 도하를 다독이는 준영

✏️주제 상대에 따라 달라지는 우리말의 높 임 표 현

04 세종 대왕님 편찮으세요?

본문 20쪽

1문단 세 종 대 왕 에 대한 소개

2문단 세종 대왕이 앓은 병의 증상

3문단 세종 대왕이 병을 앓은 이 유

주제 세 종 대 왕 이 앓은 병과 그 이유

05 철새의 이동

본문 24쪽

1문단 철 새 의 종류

2문단 철새가 이 동 하는 까닭

3문단 철새의 다양한 이동 형태

주제 우리나라의 철 새 와 철새의 이 동

06 태양을 사랑한 금잔화

본문 32쪽

1문단 금잔화에 담긴 이야기 ①: 태 양 의 신을 사랑한 청년

2문단 금잔화에 담긴 이야기 ②: 죽어서 금 잔 화 가 된 청년

3문단 금잔화의 모습 및 금잔화의 꽃 말 에 담긴 의미

주제 태양의 신을 사랑한 청년이 죽어 금 잔 화 가 된 이야기

실력 확인

07 산호는 식물일까

본문 36쪽

1 문단 산 호 의 정체에 대한 궁금증

2 문단 산호의 정체

3 문단 산호의 사냥 방법 및 산호가 동 물 인 이유

주제 산호가 동 물 인 이유

08 왜 나라마다 시간이 다를까

본문 40쪽

1 문단 태 양 의 빛을 받는 곳에 따라 낮과 밤이 되는 지구

2 문단 세 계 시 의 기준이 되는 그리니치 천문대의 시간

주제 나라마다 시 간 이 다른 이유와 세 계 시 의 기준

09 향수의 향기가 바뀌어요

본문 44쪽

1 문단 향수의 향 이 달라지는 이유

2 문단 노 트 의 의미와 노 트 의 세 가지 성분

3 문단 각 노트의 특징 및 각 노트에서 주로 사용하는 향

4 문단 향수의 향기를 만드는 조 향 사 의 역할

주제 향 수 의 향이 달라지는 이유

10 서울의 상징 해치

본문 48쪽

1문단 우리나라에서 해 치 의 상징적 의미 ①

2문단 우리나라에서 해 치 의 상징적 의미 ②

3문단 서 울 시 의 상징인 해치

✎**주제** 우리나라의 전설 속 동물인 해 치 의 상징적 의미

11 어떤 색의 음식이 필요해?

본문 56쪽

1문단 크게 다섯 가지 색 으로 나뉘는 음식

2문단 다섯 가지 색의 음식별 효 능

3문단 다양한 색의 음식을 골고루 먹어야 하는 이유

✎**주제** 음식의 색 에 따른 효능

12 비누는 어떻게 때를 뺄까

본문 60쪽

1문단 몸과 옷의 때 를 씻어 내는 비누

2문단 비누 입 자 의 모양과 특징

3문단 비누로 때를 빼는 과 정

✎**주제** 비 누 로 때를 빼는 방법

실력 확인

13 코딱지는 왜 생길까

본문 64쪽

- **1문단** 코 딱 지 가 생기는 것에 대한 의문 제기
- **2문단** 코털과 점 액 의 역할
- **3문단** 코딱지가 생기는 이유
- **4문단** 코딱지를 올바르게 제 거 하는 방법

✎ **주제** 코 딱 지 가 생기는 이유와 올바르게 제 거 하는 방법

14 나뭇가지에서 동전이

본문 68쪽

- **1문단** 거 푸 집 의 의미
- **2문단** 엽 전 을 만드는 과정
- **3문단** 엽전 이름과 모양의 유 래

✎ **주제** 거 푸 집 으로 엽 전 을 만드는 과정 및 엽전 이름의 유래

15 콜럼버스의 달걀

본문 72쪽

- **1문단** 신 대 륙 을 발견하고 돌아온 콜럼버스
- **2문단** 사람들과 달 걀 세우기 내기를 한 콜럼버스
- **3문단** 남들이 생 각 하지 못한 방법으로 달걀을 세운 콜럼버스

✎ **주제** 상식을 뛰어넘은 새로운 생각의 의미를 깨닫게 한 콜 럼 버 스 의 달걀

16 동양의 용, 서양의 드래곤

본문 80쪽

1문단 비슷한 듯 다른 용과 드 래 곤

2문단 동양의 용에 대한 인식과 용의 생 김 새

3문단 서 양 의 드래곤에 대한 인식과 드래곤의 생김새

주제 용과 드래곤의 공통점과 차 이 점

17 나라마다 다른 국기

본문 84쪽

1문단 국 기 의 의미

2문단 네 팔 국기의 특징과 국기에 담긴 의미

3문단 멕 시 코 국기의 특징과 국기에 담긴 의미

4문단 호 주 국기의 특징과 국기에 담긴 의미

주제 각 나라 국 기 의 특징과 국 기 에 담긴 의미

18 조심해요, 화장품

본문 88쪽

1문단 어린이가 화 장 품 을 조심해서 사용해야 하는 이유

2문단 어린이가 화장품을 올바르게 사용하는 방법 ①, ②

3문단 어린이가 화장품을 올바르게 사용하는 방법 ③

주제 어 린 이 가 화장품을 올바르게 사용해야 하는 이유와 그 방법

실력 확인

19 똥, 어디까지 알고 있니

본문 92쪽

1문단 동물들 똥의 다양한 ⬚쓰⬚ ⬚임⬚ ⬚새⬚

2문단 동물들의 똥에 관한 재미있는 사실들

✎ **주제** 동물들 ⬚똥⬚의 다양한 쓰임새와 특이한 똥을 누는 동물들

20 거울 속에는

본문 96쪽

1문단 한양으로 장사하러 가는 박 씨에게 ⬚거⬚ ⬚울⬚을 사 달라고 부탁하는 부인

2문단 한양에서 거울을 사 온 박 씨

3문단 거울에 비친 자신들의 모습을 보고 싸우다 ⬚사⬚ ⬚또⬚를 찾아간 박 씨와 박 씨 부인

4문단 거울 속 자신을 보고 새로운 사또가 왔다고 생각하여 떠난 사또

✎ **주제** ⬚거⬚ ⬚울⬚을 처음 본 박 씨 부부와 사또의 이야기

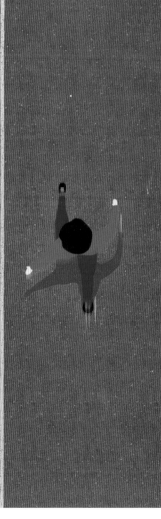

완자·공부력·시리즈 매일 4쪽으로 스스로 공부하는 힘을 기릅니다.

대표전화 1544-0554
주소 서울특별시 구로구 디지털로33길 48 대륭포스트타워 7차 20층
협의 없는 무단 복제는 법으로 금지되어 있습니다.